香港九龍便覽

逸廬主人編

中華書局印行

香港九龍便覽

沈演公

香港九龍便覽圖目錄

地圖

香港九龍兼新界形勢圖
香港市區街道圖
九龍半島街道圖

風景

尖沙咀夜色（廣九車站鐘樓尖塔）……封面
自山坡遠眺銀行區（最高大廈即滙豐銀行）……一
法院……一
雙層電車（德輔道中）……二
德輔道（俗名電車路）……二

歐戰和平紀念碑……………………………二
海軍船塢……………………………………三
東亞銀行大廈屋頂…………………………四
自山坡遙望聖約翰教堂尖塔………………四
維多利亞皇后像……………………………五
公園（俗稱兵頭花園）……………………五
虎豹別墅（水泥浮屠）……………………六
虎豹別墅花園………………………………六
薄扶林道永別亭……………………………七
香港天星渡海碼頭…………………………七
半島酒店……………………………………八
山頂纜車車站（花園道）…………………八

圖目錄

山頂風景……九
上山纜車……九
砵甸乍街（石板街）……一〇
九龍彌敦道……一〇
淺水灣……一一
香港仔……一二
跑馬地全景……一三
宋皇台山巔之巨石……一四
宋皇台山脚……一四
宋皇台下臥牛石……一四
九龍城侯王廟……一五
青山禪院……一五

銀禧水塘……一五
沙田遠景……一六
新界風光……一六

香港九龍便覽目次

說明
第一章　概論……一
一、沿革大要……一
二、地區鳥瞰……二
三、人口……五
四、氣候……六
五、政府機關……七
六、幣制……一〇
七、香港假日……一一
第二章　交通……一三

一、香港……………………一三
二、九龍及新界……………一六
三、港九渡海………………一八
四、對外海運線……………二〇
五、航空線…………………二一
六、郵政……………………二一
七、電報……………………二三
八、電話……………………二四

第三章　旅客須知

……二七
一、到埠……………………二七
二、禁例……………………二八
三、旅館……………………二九

四、公寓……二九
五、銀行及大商店……三〇
六、護照……三二

第四章 衣食住等……三五

一、衣履……三五
二、飲食（附公共廁所）……三六
三、住屋……四〇
四、醫藥……四二
五、喪葬……四四

第五章 遊覽……四七

一、九龍古跡……四七
二、九龍名勝……四八

三、香港古跡……五〇
四、香港名勝……五〇
五、遊覽方法……五二
第六章　娛樂……五七
一、游泳……五七
二、球類及跑馬等……五八
三、電影……五九
四、戲院……六〇
五、無線電廣播……六〇
六、俱樂部……六一
七、其他娛樂……六二
第七章　實業……六三

一、進出口……六三
二、工業……六六
三、漁農……六七

第八章　文化機關

第八章　文化機關……七一
一、學校……七一
二、圖書館……七三
三、各教教堂……七三
四、青年會……七四
五、報紙……七四
六、書店……七五
附錄一　港九交通綫……七七
甲、香港公共汽車路線時間及價目……七七

乙、香港大酒店汽車路線時間及價目……八一
丙、山頂纜車路線時間及價目……八二
丁、香港電車路線時間及價目……八三
戊、九龍及新界公共汽車路線時間及價目……八五
己、過海輪渡路線時間及價目……九三
庚、香港至新界及各島小輪路線及價目……九六
辛、九龍尖沙咀至新界火車路線時間及價目……九七
附錄二一　香港至各埠價目表……九九
甲、香港至上海……九九
乙、香港至海防……一〇一
丙、香港至澳門……一〇二
丁、香港至廣州……一〇二

戊、香港至桂林重慶……一〇三
己、香港至菲律濱小呂宋……一〇三
庚、香港至新嘉坡……一〇四
附錄三　香港旅館銀行等一覽……一〇五
甲、旅館……一〇五
乙、銀行……一〇九
丙、旅行運輸機關……一一二
丁、汽車行……一一三
戊、輪船小輪公司（附航空公司）……一一六
己、醫生……一一九
庚、醫院……一二二
辛、藥房……一二五

附錄四　粵語舉要……………………一二七

香港九龍兼新界形

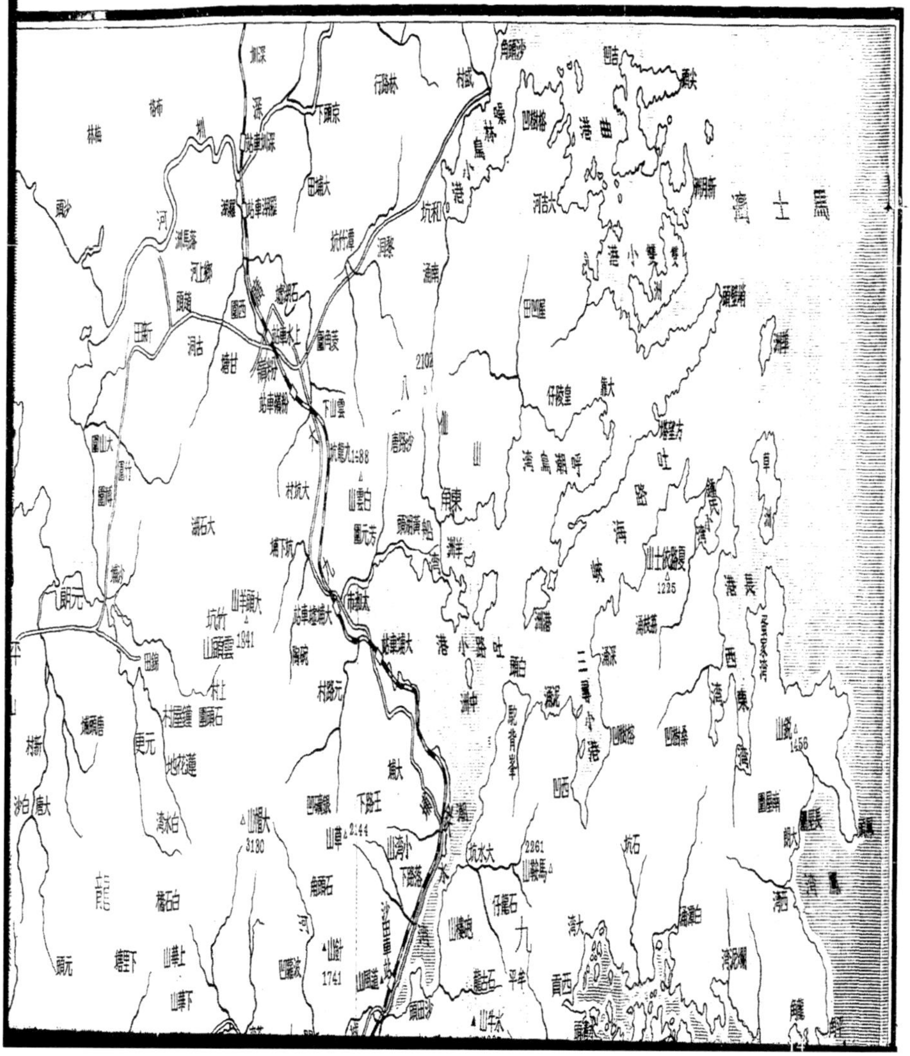

香港九龍便覽（一九四零）

兼新界形勢圖

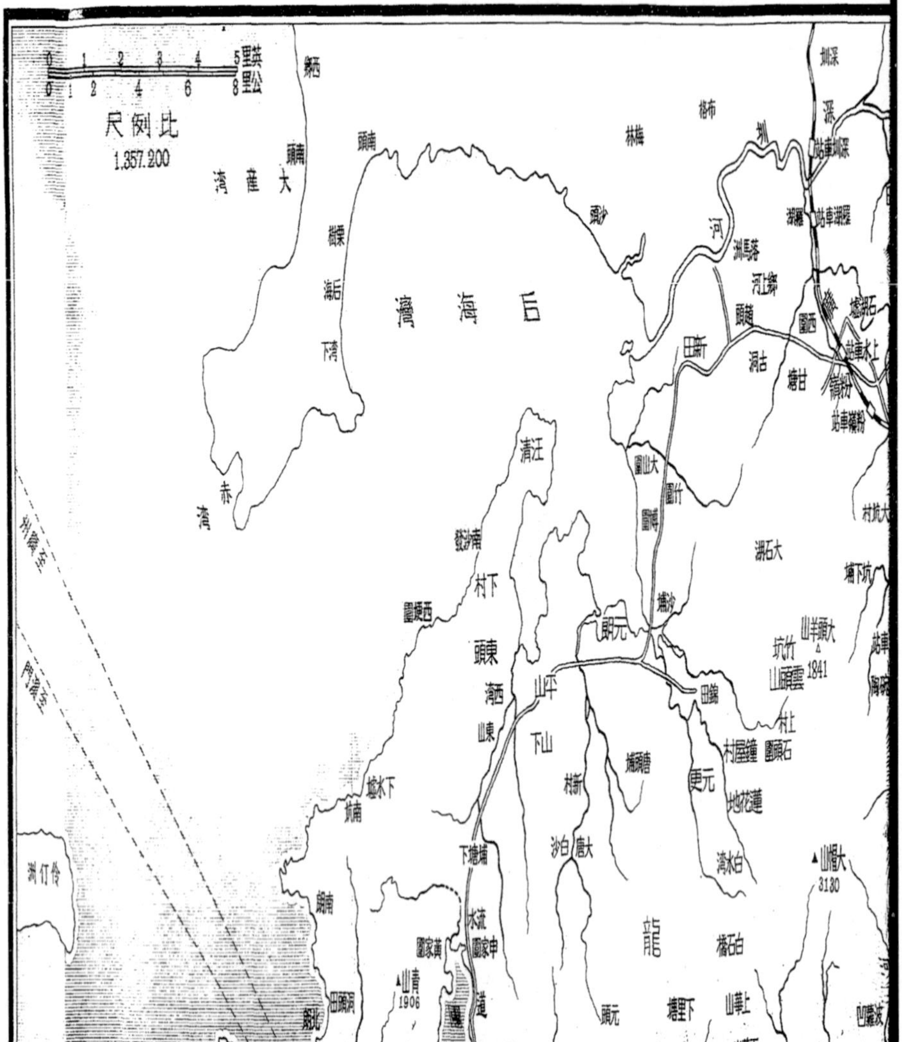

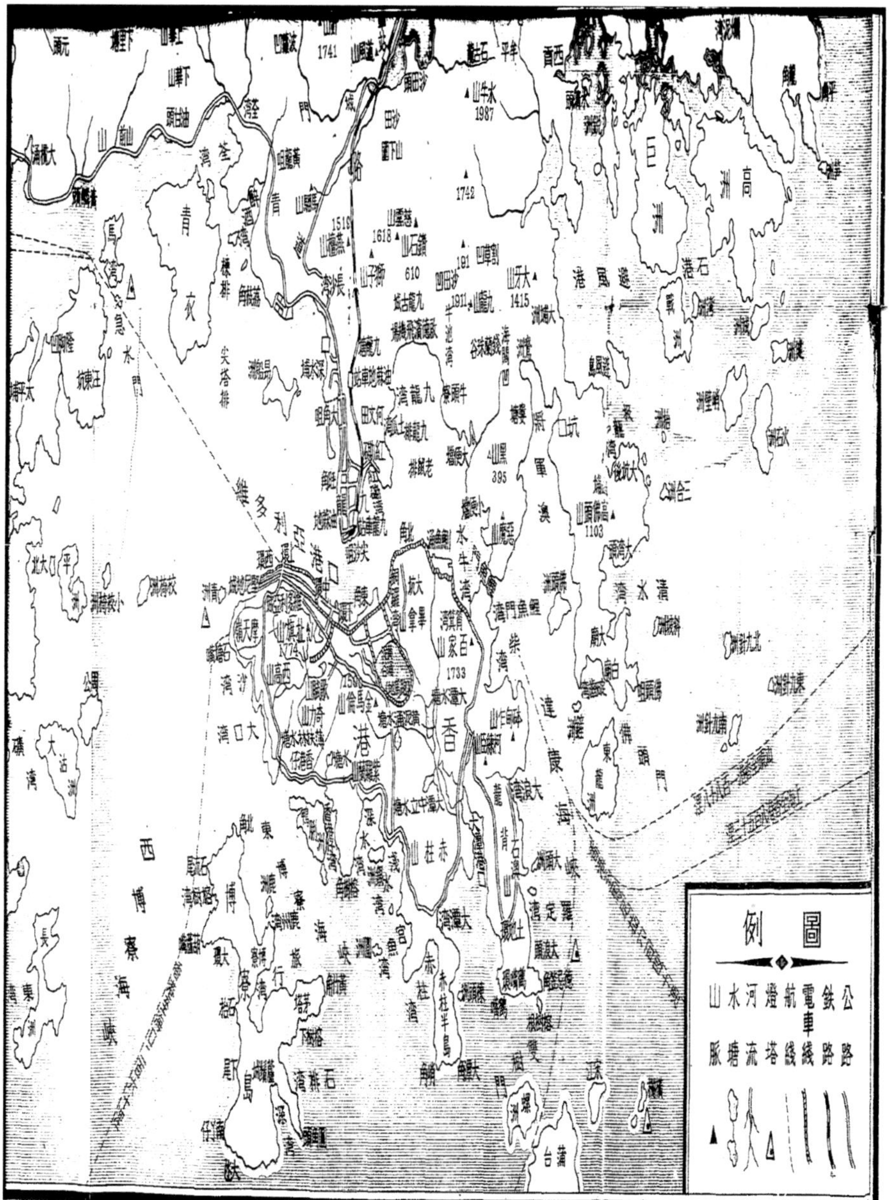
圖例
公路
鉄路
電車綫
航綫
燈塔
河流
水塘
山脈

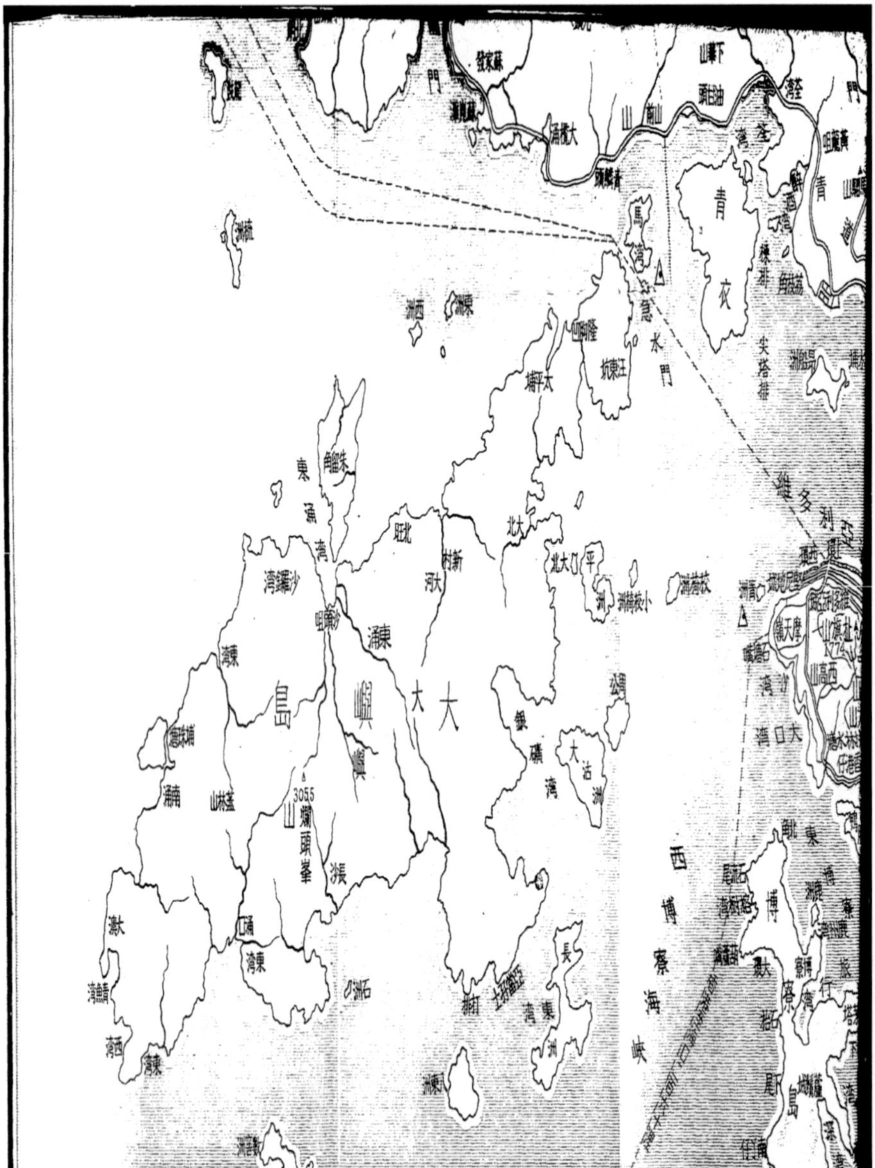
東涌湾
急水門
青衣
西博寮海峽
3055

自山坡眺遠銀行區(最高大廈即匯豐銀行)

法　院

雙層電車（德輔道中）

德輔道（俗名電車路）

歐戰和平紀念碑

海軍船塢

東亞銀行大廈屋頂

自山坡遙望聖約翰教堂尖塔

維多利亞皇后像

公園（俗稱兵頭花園）

虎豹別墅（水泥浮屠）

虎豹別墅花園

薄扶林道永別亭

香港天星渡海碼頭

半島酒店

山頂纜車車站(花園道)

山頂風景

上山纜車

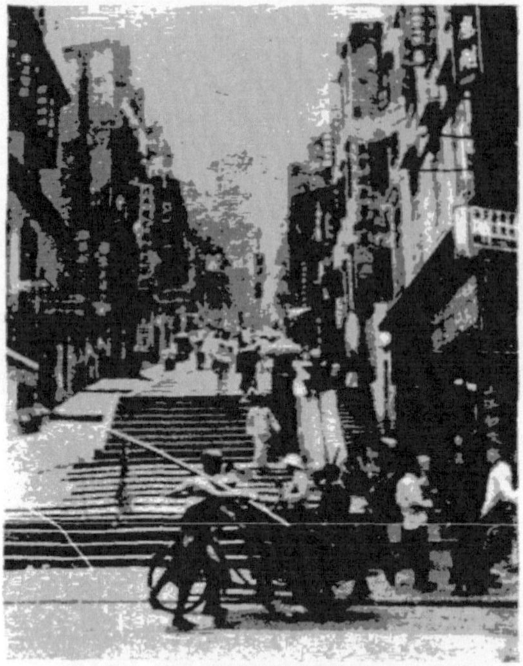

砵甸乍街（石板街）

九龍彌敦道

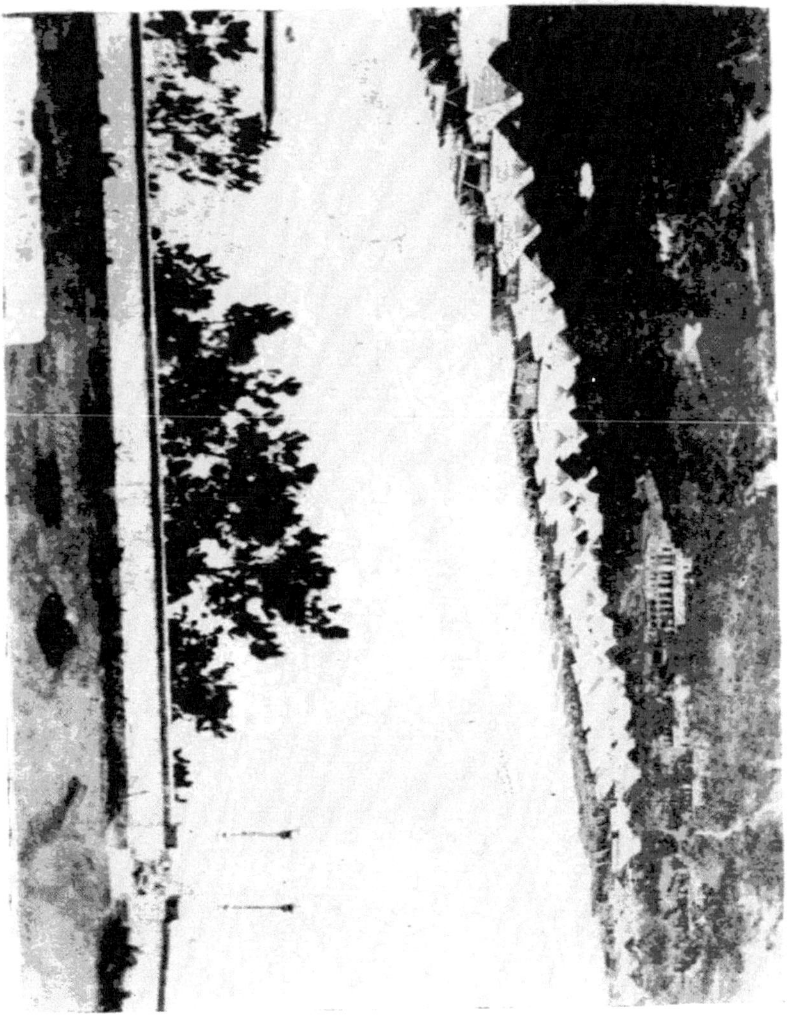

淺水灣

香港仔

跑馬地全景

宋皇台巔之巨石

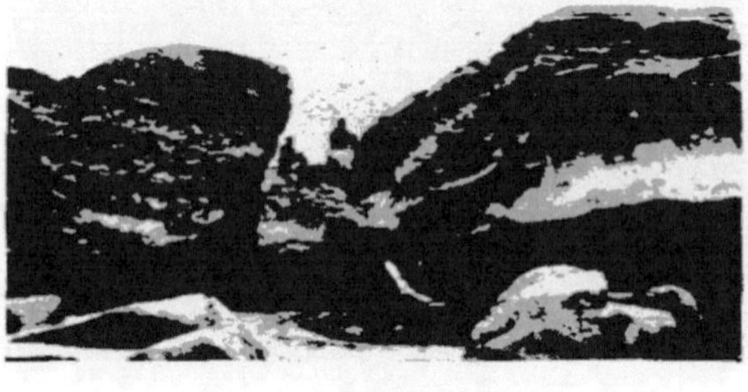
宋皇台山脚

宋皇台下卧牛石

青山禪院

九龍城侯王廟

銀禧水塘

香港九龍便覽

說明

一、本書分概論、交通、旅客須知、衣食住等、游覽、娛樂、實業、文化機關八章。附錄港九交通線時間及價目、香港至各埠價目表、重要旅館銀行等一覽及粵語舉要。

二、初到香港旅客可先閱第三章，在港過境不久居者可次閱第五章，在港停留較久者以順序閱讀爲宜。

三、香港街名或由英譯，或採俗名，……極不易記。初入境而欲認識大概者，宜先閱第一章第二節地區鳥瞰，次參照地圖閱第二章首三節明瞭各重要交通線。

四、初入境最苦言語不通，但在此類小册中欲授讀者以粵語亦難辦到，附錄四之粵語舉要不過聊備一例，使讀者略知粵語語氣與結構，如抵埠後留意聽習不難入門，能在未到港前先從粵人習一二通行語句更好。如識英語則到港後儘可隨處利用。

五、本書附地圖三幅，一爲港九鳥瞰使讀者得一整個印象，二爲港九市區詳圖，均根據可靠原圖加以覆勘，請本局繪圖專家畫成，尚稱詳實。如承久居港九者加以指正尤所歡迎。

六、附錄三僅選與初來港九者急須知道之重要地點與電話，所舉既不全，掛一漏萬在所不免，醫院醫生，尤不敢担保盡善盡美。幸閱者諒察。

七、編者雖居港粵一帶多年，究非土著可比，書中錯誤之處尚祈閱者見告，以便再版時訂正是幸。

八、本書編成，承本局華南區監理　鄭子健先生加以校訂，特此誌謝。

中華民國廿八年八月編者識於九龍道道廬

香港九龍便覽

第一章 概論

一、沿革大要

香港原爲廣東省寶安縣屬之海島，未開埠前僅南部香港仔爲漁舟避風之所，沿南岸有漁村三五處而已。島之北正對九龍半島，當時僅有九龍城，屬寶安縣治稱九龍協。九龍城附近有宋王台，相傳元亡宋時，宋帝昺於西元一二八一南渡，曾一度登臨，近年以來有天主教神父及私人在沿海島嶼發掘，得有石器多種（一部分存鴨脷洲之神道學校及香港大學，）可見香港史前已有居民，惜尙無考古者詳加研究。

十七世紀中葉，英國東印度公司伸展貿易至遠東；是時華南貿易以澳門爲樞紐，必須經葡人之手。東印度公司擬設分公司於澳門，爲葡人所忌，乃至香港。道光年間，兩廣總督始准英人居香港，英國水師乃於一八四一年（道光二十一年）一月二十五日登陸，次年南京條約簽訂時，香港遂割讓於英。當時英人尚無取香港爲殖民地之决心。蓋氣候炎熱，時有颶風，瘧疾復盛，英人恐不能久居，又次年英政府方正式宣佈香港爲殖民地，直屬英國，不受印度總督管轄，另設總督。但不久以疾病叢生，死亡枕籍，仍議放棄。卒以人力克服環境，經二三十年之經營，始漸入佳境。

一八六〇年中英訂北京和約，又割讓九龍南端，約四英方里於英，英人在大陸方面始有根據地。一八九八年英人再求展址至深圳，並包括香港前後三十三島嶼，訂定租借九十九年，稱爲新界。（Leased or New Territories）

二、地區鳥瞰

香港位於珠江口之東，在北緯二二度三分至三七分，東經一一三度五二分至一一四度三〇分間。東北距上海八三〇海里，東南距小呂宋六四〇海里，西距海防四八〇海里。島形狹長如鳥，東西長約十一英里，南北寬自二至五英里，面積約三十二英方里。九龍半島在香港之北，海岸線甚爲曲折，自島之南部深入大陸約二十二英里，東西寬狹不等，面積凡二八六英方里。其他島嶼面積，約共九〇英方里。總計香港、九龍及各島共約三百九十餘英方里。

香港與九龍及各島均多山，僅九龍尖端有平地數方英里。香港北岸皇后道以北係新塡地，近已不敷市區發展，有再塡海擴張之議。（擬將中環域多利街至砵甸乍街間之海面塡地四萬餘英尺）香港各山以升旗山爲最高，計一七七四英尺。九龍以大帽山爲最高，計三一三〇英尺。

香港北岸市區係一狹長地帶，西部稱堅尼地城(Kennedy Town)俗稱西環；堅尼地城之東爲石塘咀，再東爲西營盤；中部總稱域多利城（Victoria Town）又分爲上環、中環、下環三區；東部稱灣仔，西部之南有高地稱薄扶林區（Pakfulam District）。中部之南經堅道羅便臣道等住宅區再上爲山頂區，（ Hill District ）東部之南山中低地稱黃泥涌。（Wongnei Chong）。東面有谷稱快活谷Happy Valley俗以跑馬場所在稱跑馬地灣仔之東，跑馬地之北稱銅鑼灣（Causeway Bay）灣之東有陸地北伸稱北角，（North Point）北角之南有低地稱大坑。北角之東稱鰂魚涌，（Quarry Bay）俗名七姊妹。再東爲筲箕灣，（Aldrich Bay）島之北岸盡於此。自灣仔以東，除跑馬地爲住宅區，筲箕灣約有市面外，已劃爲工廠區，沿海則多船塢及游泳場。島之東西兩岸旣無市區，住宅亦少。南岸西有香港仔，（Aberdeen）中有深水淺水二灣，（Deepwater and Repulse Bays）東有大潭灣（Tytam Bay）淺水灣與大潭灣間有半島南伸曰赤柱。（Stanley）除香港仔有市面外，餘多爲游泳之所。

正對市區之九龍半島尖端，俗稱尖沙嘴，英文九龍（Kowloon）指此。自佐頓道（Jordan Rd.）以北至窩打老道（Waterloo Rd.）俗稱油蔴地。再北至英王子道（Prince Edward Rd.）俗稱旺角。旺角之西北則稱深水埗。自尖沙嘴至深水埗皆爲九龍山脈以西之平地，市面頗爲發達。尖沙嘴之東北沿海東行有一小半島向東南伸出稱紅磡。其北經土瓜灣至馬頭角。此一帶爲工業區，多船塢及工廠。油蔴地之東北有丘地稱何文田。東行至九龍城，南與馬頭角相接。何文田之北有低地稱九龍塘，已闢爲住宅區，近且伸展至九龍城矣。九龍塘及深水埗在界限街以北本爲新界，但現在所謂新界則往往指九龍塘及深水埗以北各鄉區。新界在半島方面分八大區，四十七分區，其著者爲九龍塘越山而北之沙田、大埔、粉嶺、上水及深水埗以北之荃灣、青山、平山、元朗、錦田等。（其中英文名除青山稱Castle Peak外均譯中文而成）至海中島嶼以大嶼爲最大，在香港之西，新界西部之南。次爲青衣（在荃灣之南）長洲（在大嶼之東南，）馬灣（新界西部南岸與大嶼島間，）平洲（大嶼島東）等。

三、人口

香港及九龍在中日戰事以前約有人口八十五萬。據一九三一年統計，香港有四一〇、九二一人，九龍有二六四、六七五人，新界有九八、九〇五人，流動人口有七五、二五〇人，計共八四九、七五一人。（男四九一、八五八，女三七五、八九三。）內以華人爲最多，計八二一、四二九人，英人及英兵次之（六、六八四及七、六八二，）印度軍警及其家屬又次之（六、六八四，）葡人日人又次之（三一九七及二二〇五，）餘均不滿千人。

自中日戰事發生以來各地來港避難者驟增，確數不詳。或云最多時，增加四五十萬。近以外匯高漲，港幣隨升，離港者不少。但全港九人口必在百萬以上。

廣東沿海一帶本多客家人，（中原人，自兩晉南宋時避難逐步南遷者，）寶安縣屬沿海一帶原爲客家人蕃殖之地，故今九龍土著大都爲客家人。海上居民則爲蛋戶，俗稱蛋家。自香港開埠以來，廣府人（廣州府屬十四縣及各地操廣州語者，）始來經商。

香港人口以上環西環一帶爲最密，其密度恐爲任何地方所不及。次則九龍之油蔴地及旺角一帶亦甚繁密。新界及各島上人口均甚少。以海上爲家之蛋戶爲數却不少，但以常有颶風關係，遠不及廣州沿江一帶之密。

四、氣候

香港雖近熱帶，但以風雨關係，夏季熱而不酷，冬季冷而不冽。大抵一年中以二月至三月間陰日爲多，細雨迷濛，陰霾時佈。平均温度以二月間爲最低，約華氏五十九度，（歷年紀錄最冷時僅三十二度，但頗罕見。）三月間升至六十三度。四月以後進入雨季，但雨日雖多，間以晴日平均日光較二三月間爲多。溫度在四月間平均爲七十度，五月間升至七十七度，六、七、八、九月則更升至八十一度，有時高至九十度以上。六月以後常有颶風，尤以八、九月間爲甚。（香港天文台如預知颶風將至，卽在香港及九龍暫定地點懸掛一號風球，將近香港則更以風向所自掛五、六、七、八號風球，如風勢甚劇改懸九、十號風球。）颶風前後，最高溫度達九十七，天氣悶熱。六月至九月溫度甚高，尚不致於煩溽。十月以後東北風起，天氣轉晴，溫度下降，自十月至翌年一月，溫度常在六七十度之間，空氣乾爽，氣候最佳。雨量每年平均爲八十五英寸。

五、政府機關

香港政府（俗稱皇家）以總督（俗稱督憲）爲首領。總督兼總司令(Commander-in-chief)及海軍中將(Vice-Admiral)職，直隸於英國殖民地部(俗稱理藩院)。總督之下雖分行政司法及立法三大部分，但總督之權甚大，非僅限於行政部分。行政之下設有布政使(Colonial Secretary)布政使之下有華民政務司(Secretary for Chinese Affairs簡稱華民,)警察司、教育司、衞生司、工務司、船政司、庫務司等,(Police, Education, Medical, Public Works, Harbour, Treasury Department 司長稱 Director)及郵政局(Post Office 郵務長實兼管電報電話等,)滅火局(Fire Brigade Depertment)、園林監督署(Botanical and Forestry Department)、化學司署(Government Laboratory)、海關監督署(Imports and Exports Department)、田土廳(Land Office)等。此外尚有牌照局(Licensing Board)、考察微生物署(Bacteriological Institute)、管理生死註冊署、婚姻註冊署、商標註冊署(Registrar General of Births and Deaths, Registrar of Marriages, Registrar of Trade Marks and Patents)、天文台(Royal Observatory)、海關出入口貨物統計部(Statistical Office)、護照部(Passports Office)等。

司法方面的機關有高等審判廳(Supreme Court)、法政使署(Attorney-General's Office)、核數署(Audit Office)、報窮官署,(Official Receiver's Office)、監獄部(Prison

Department）等。又在香港、九龍及新界各設一巡理府。(Magistracy)

立法方面僅有一定例局（Legislative Council 亦稱立法局）由總督任主席，各重要官吏任大部分議員，小部分非官吏議員亦由總督委派，內有少數華人。（註）

政府機關所在地除督署在花園道外，重要者大部分在近督署之亞厘畢道（Albert Rd.）布政使署，統一碼頭對面之滅火局樓下及德輔道郵政總局（俗稱書信館）樓上。司法機關大部分在德輔道中之東端法院內。警察公署在荷李活道，俗稱大館。

此外尚有一半官式機關，即英國國教之主教府，稱會督府，（Bishop's House）在鐵岡。（Pedder Hill）香港主教係由英國 Canterbury 大主教所委派，除香港九龍外，兼管華南英國國教教務。

中國政府在港設立之正式機關有九龍新關，關署在皇后道中十七號頂樓，及外交部簽證處，處址在皇后道中五號五樓。自廣州失陷後，出國及經安南過境護照可至該處領取。

（其他機關近在港雖多設有辦事處，但不掛招牌。）

其他各國在港均設有領事署，加拿大政府且設有移民局與商務專員署。重要各國領事署地址，見第三章末節。

（註）華人在港者，須先任東華醫院總理（不止一人由紳商中公推，）再任保良局局董，始可有資格被港督任爲太平紳士(Justice of Peace)再進而被任爲議員。議員中之佼佼者乃被任爲華人代表。華人代表在百萬人口中僅三四人耳。

六、幣制

香港幣制以一分（俗稱一仙）爲單位，十分爲一毫，十毫爲一元。一分銅元有新舊兩種，舊者與中國當十銅元大小略等，新者較小。五分及一毫向用銀幣，一毫者與中國一角大小略等，五分較小，但此二種幣已由政府宣布於去年（一九三九）十一月起停止流通（仍可向銀行換新幣，）另有五分及一毫鎳幣，均較銀幣爲大，現已通用。舊有一元銀幣早已收回，現有一元、五元、十元、五十元、一百元、五百元等鈔票。有發鈔權銀行有三：匯豐、有利及渣打。市面流通者以匯豐者爲最多，渣打次之，有利最少。（據最近報告三行發行額匯豐約二萬萬元，渣打約二千萬，有利僅四五百萬。）

香港幣價隨金鎊而定，每元約值英鎊一先令三便士左右，美金二角半左右。（按照法定平價，爲一英鎊值美金四八六六元，即港洋百元值美金三十四元一毛，但有時降至三十元以下。）

香港各種金融商情大致與上海相同。惟「八九」金較爲特殊，係粵港金融市場之風頭物。所謂八九金係指以前二十元一枚之美國金元（實重八錢九分），現美國雖已改用紙幣，仍沿舊名。舊有實體之二十元金元在金鋪中稱八九大金，約值港洋一百十五元左右。金融市場中炒賣之八九金則爲貶值後之二十元紙幣，值港幣七十元左右，但視匯水漲落。

各地貨幣均可在找換店兌換。此類找換店在香港散處在皇后大道及德輔道中，九龍則在彌敦道平安戲院及上海街一帶，但外來旅客最好託旅行社或銀行代辦以免受欺。

七、香港假日

香港除星期日外，新舊元旦及舊年初二、耶穌受難及翌日、復活日、聖誕日及其翌日、聖神降臨日、英國國慶日、英皇壽辰、中國雙十節、歐戰和平紀念日等均放假。此外在七八九月之第一星期一皆有一日休假，而以上各假日如在星期日亦多補放一日，故香港公共假日特多，此或由於氣候關係。

第二章 交通

一、香港

島上交通有電車、公共汽車、（俗稱巴士）普通汽車、人力車、（俗稱車仔）轎子、山頂纜車等。

島上馬路以皇后道（Queen's Rd.）爲最早（開埠第二年興築）長及三四英里，東西橫貫市區，俗稱大馬路，中環及上環一段稱皇后道中，上環以西稱皇后道西，直達堅尼地城，中環以東稱皇后道東，通至灣仔。五號（自大坑）及五號A（自跑馬地）公共汽車來往如梭，三五分鐘一次，早晚上工放工時猶無空座。價目頭等一毫，二等五仙。

中上環皇后道之北爲德輔道（Des Voeux Rd.）東起中環，西訖石塘咀，分中西兩段，爲各路電車必經之路，俗稱電車路，鬧市時雙層電車項背相望，亦多告滿座。電車東起於筲箕灣，西訖堅尼地城，中有支線繞跑馬地，但大都東行至筲箕灣，銅鑼灣，或愉園，（跑馬地電車終點舊有愉園，現雖已易主改建養和醫院，但電車路牌仍稱愉園。）西行止上環街市，（Western Market）屈地街（Whitty St. 在石塘咀。）堅尼地城價目除筲箕灣一線頭等一毫，三等五仙外，均頭等六仙，三等三仙。

德輔道之北沿海馬路名干諾道（Connaught Rd.）俗稱海傍，東起中環之東頭，西訖石塘咀西頭，亦分中西兩段。中環之中段沿海有統一碼頭，爲各路公共汽車（五號及五號A除外）起點：一號東行至跑馬地；二號東行至太古船澳（北角之東）；三號東南行至花園道，上坡再轉而西行，經堅道，般含道至大學堂，（石塘咀之南，）三號A更展至摩星嶺（堅尼地城之南）；四號東行至必打街（郵政局前）折而南至皇后道西行至西營盤再折而南經薄扶林道達瑪麗醫院；六號七號爲貫通島南北之幹線，六號經必打街折而東經皇后道，折而南經黃泥涌、淺水灣道直通赤柱；七號西行經干諾道中、西，南入東邊街，西經皇后道西、薄扶林道、香島道而至香港仔。各線價目除六七號外大多爲頭等一毫，二等五仙。（詳見附錄。）

此外尚有香港大酒店之大汽車，其行程同六號線，但兩端略短，北起必打街之香港大酒店（俗稱大酒店）之門首，南訖淺水灣酒店。價目全程四毫，小童減半，（中途遞減）來回頭等七毫半，小童三毫半。淺水灣酒店本為大酒店之支店，此為送客汽車收費而公開者。

普通汽車有出租汽車及計程汽車（俗稱的士英名Taxicab車上有計程算資自動機）兩種。出租汽車大號者（限坐六人）每小時約四元，小號者（限坐四人）三元六毫。的士香港第一英里五毫，續行每四分之一英里一毫，停車相候每五分鐘一毫。如人多且在天雨時價頗合算。公共汽車不能到之山路，有時亦需用此，中環沿海一帶停有多輛，電話叫來亦易。

人力車（俗稱車仔）除中環外甚少。價目約十分鐘一毫，半小時二毫，一小時三毫，但山路及夜間較貴。故乘人力車並不便宜。

轎子多為上山用，除中環及堅道外並不多。價目用兩名伕子者十分鐘毫半，十五分鐘二毫，半小時三毫，一小時四毫，以後每小時加二毫半，但四名伕子者加倍。

山頂纜車用電力以鋼纜拖車上落，起皇后道西之南花園道(Garden Rd.)經堅尼地道，(Kennedy Rd.)寶雲道，(Bowen Rd.)梅道，(May Rd.)白加道，(Barker Rd.)而至山頂。價目每站一毫。

二、九龍及新界

半島方面交通有公共汽車，普通汽車，人力車，火車等，而無電車，轎子。

半島馬路以彌敦道(Nathan Rd.)及英王子道(Prince Edward Rd.)為幹線。此兩路為一等大道，較之島上任何路或半島上其他路為闊。彌敦道上多商店戲院，英王子道上多住宅，景象不亞於歐美大都市。蓋島上闢路時初不料本埠商業如此繁盛，行人如此擠擁，且限於地，故所定路綫較窄。半島開闢在後，平地較多，不獨幹線較闊，兩旁橫路亦整齊如十字。

彌敦道起尖沙咀之南端，北達深水埗南端，長五六英里，九龍各路公共汽車，除三號，五號，十一號，十三號，十七號，十八號外，均經彌敦道，盛時亦項背相望，但乘客似不及島上擠擁。

一號至八號線均以尖沙咀過海碼頭爲起點。一號北行直達深水埗，二號更延至深水埗北端荔枝角，在深水埗一段路線略有不同；三號經紅墈、馬頭角、九龍城而達城北之牛池灣；（四號缺）五號在彌敦道之南段折而東經加拿分道（Carnarvon Rd.）金巴利道（Kimberley Rd.）柯士甸道（Austin Ave.）居士道（Cox's Rd.）至佐頓道紀念碑（Jordan Rd. Monument）；六號經彌敦道英王子道直至九龍城；七號八號均至九龍塘，後段路線及終點略有不同。價目全程除五號外均頭等一毫半，二等一毫；五號及他路中途下車則頭等一毫，二等五仙。

九號、十號、十三號線均以佐頓道過海碼頭爲起點。九號直達元朗，全程頭等五毫半，二等四毫。十號經上海街（在彌敦道西平行路）、英王子道、九龍城、至牛池灣。十三號則經彌敦道而至牛池灣。價目與上述一號等線同。十一號則由九龍城經馬頭角、紅墈西行折入加士居道（Gascoigne Rd.）佐頓道，北沿上海街至荔枝角，價目同上。十五號、十七號、十八號均行新界而不分等，十五號由元朗至錦田，價五仙，十七號由元朗至粉嶺，價二毫半，十八號由粉嶺至沙頭角，價二毫。

普通汽車亦分出租及的士二種。惟的士車有大小二種，差別在每一英里：大者（限坐四人）五毫，小者（限坐三人）三毫半，以後每四分之一英里或停車相候五分鐘價各五仙。

人力車除尖沙嘴、油蔴地一帶外較少，價與島上略同。

廣九鐵路（英名九廣Kowloon-Canton Railway）英段自尖沙嘴北行入新界與華段相接。英段雖短，自行設局，由局長兼總工程司。英段計分九龍（即尖沙嘴）、油蔴地（實在旺角）、沙田、大埔、大埔墟、粉嶺、上水、深圳（英界者稱羅湖）等站。全程頭等一元九毫半、二等一元三毫、三等六毫半，每日來往各七次。粉嶺及大埔墟間且有區間車。星期及假日加開摩托有軌車（僅一節，比電車長，用內燃機）一二次，祗設頭等。且小站不停。

三、港九渡海

香港與九龍有渡海小輪七線。自香港中環之雪廠街（Ice House St.）北口至尖沙咀一線屬於天星小輪公司（Star Ferry Co.），故雪廠街口之碼頭，俗稱尖沙咀或天星碼頭。此線最短，渡海僅七分鐘，忙時每五分鐘一班，價目頭等一毫，二等四仙，小童減半。

其他各線屬於香港油蔴地小輪公司，在港方（除西灣河一線外）均以統一碼頭爲起點，（故又稱油蔴地碼頭）九龍方面一在佐頓道口，一在旺角（山東街口），一在深水埗（北河街口），價目均頭等一毫，小童減半，二等三仙。一在紅磡，一在九龍城，價目均頭等一毫，小童減半，二等五仙。佐頓道一線可載汽車過海，一噸重以內者每次六毫，一至二噸者九毫，以後每噸加六毫，每坐客收五仙。（近來荔枝角長沙灣居民已呈港政府添一碼頭）

此外該公司尚有定期小輪至新界荃灣（每日來往各五次），至青山（經馬灣與大嶼島東北角間之汲水門）再至東涌（大嶼島北岸）及大澳（大嶼島西岸），每日來往各二次，至長洲每日來往各五次；至平洲及銀礦灣（大嶼島東岸），每日來往二次。（價目及時間見附錄。）

凡乘輪過海者，除預購有月票外，必須先付費購票。在尖沙咀過海碼頭有入口二處：一有推輪，付費後推輪入碼頭不另有票，一可逕入，但如無月票，查出重罰。油蔴地公司各碼頭則在碼頭閘口付費後取票一紙，入口後有人撕取一半，餘一半在船上收取。

自雇電船（汽油船）過海或至海中停泊輪船者價目均由政府規定，計在半小時內一元二毫（午夜至上午七時加二毫），三刻鐘內一元八毫（午夜後加三毫）第一小時二元二毫（午夜後加四毫），一小時半三元（午夜後加四毫）以後每小時二元（午夜後加二毫），等候每刻鐘須三毫計。單送面議。

四、對外海運線

香港港面約十方英里，四周有山爲天然屏障，故已成遠東海運一大中心。中日戰事前每年出入船舶約十萬艘，貨物五千萬噸，中日戰事以來更爲增多。

香港海運可分大洋內海兩種。大洋郵船東北經上海日本而達美國，東南經小呂宋南洋羣島而達澳洲，間有至南美洲者，西南經安南南洋羣島而達歐洲。此種郵船到港大都泊在尖沙嘴西岸各碼頭（俗稱九龍倉因碼頭上有大貨倉），或近尖沙嘴之海中。

內海線東達汕頭廈門台灣上海，再東往日本或北往青島、烟台、威海衞、天津、大連等埠，西往廣州灣、北海、海防等埠。此外尚有專航廣州、梧州、澳門之小輪。此類輪船多泊港方上環及西營盤一帶之碼頭或近碼頭之海中。

往廣州小輪向例每日有四五艘，以佛山、泰山爲最大。自廣州失陷後，僅佛山每週約開一次。其餘各輪均加入澳門線，故現往澳門之小輪多至八九艘。自香港至廣州水程約五六小時。（火車三小時半，）至澳門則僅須三小時半，當日可以來回。（價目等詳附錄。）

五、航空線

香港民航機站在九龍城西啟德濱，毗連海面，水陸兩用。每週有機東南飛小呂宋（汎美機Trans Pacific Service）經檀香山至舊金山（全程六日）、或往澳洲（帝航機Imperial Air Service）全程七日，西南飛河內（中航機）接昆明成都線，或經盤谷、印度至倫敦（帝航機全程六日，）北飛桂林、重慶、（中航及歐亞機。）最近法航機亦由安南伸展飛港。

六、郵政

香港郵局（俗稱書信館）總局在中環必打街，分局在上環街市摩理臣街、灣仔皇后道東、九龍尖沙嘴、油蔴地水渠街、九龍塘窩打老道、新界大埔墟等地。每重要街口多有信箱，箱口註明開取時間。

普通一安士之信件寄至中國內地及澳門者五仙，（以後每加一安士加五仙）但港九本埠各需四仙。明信片一律二仙，售價則爲三仙。寄英國及各屬地信件，僅需一毫半，（每加一安士加一毫），其他各國多爲三毫半。（每加一安士一毫，）各地信件掛號（俗稱担保信）費均爲二毫半。印刷品寄中國及澳門二安士內二仙，（每加二安士加二仙，）英國爲五仙。其他各國同。（外來掛號信寄與私人者，郵局照例先送通知單，收信人憑單攜章往取。）

航空信每半安士計，除英國及各屬地一元一毫半，中國各地及菲律濱三毫半，其他各國則美國爲二元八毫，加拿大爲三元二毫半等。

寄國內普通信件單用中文卽可，但掛號信件必須用英文註明收信人及地址。

（附註：）自歐戰起後，寄歐洲平信已加價，

七、電報

電報發至中國各地者可至中國電報局，國外各地者可至大東大北電報公司。地址均在中環東端干諾道三號，大東大北在樓下，中國電報局在樓上。大北大東電報公司在乍畏街六十七號設有分局。中國電報發至廣東、廣西二省華文每字一毫二，英文二毫四，其他各省加倍。國外電報分為水電、慢電、信電三種：水電至上海每字二毫八，中國他埠四毫，小呂宋五毫半，馬來羣島一元一毫，日本一元三毫半，歐洲各國約三元，澳洲及新西蘭三元三至三元七，美國及加拿大三元二毫半至三元九毫。慢電在地址前寫LC二字，價減半。信電發至英國、菲律賓、關島、日本、台灣等地寫NLT，他地寫DLT，價僅收三分一。又如須發電至開行未久之輪船或飛機，可至德輔道必打街郵政總局內政府無線電局發無線電，輪船每字九毫半，飛機每字一元另五仙。

（附註：）自歐戰起後，發至國外電費略有增加，且不得用密碼。

八、電話

港九自動電話頗爲發達，裝者約有二萬戶。報裝者須先至德輔道中十四號交易行五樓電話公司辦事處申請，如非偏僻或空曠地址，用足十二個月者，不取裝費，但須繳按金（即保證金）五十元。此項按金不用電話時拆除後可以取回，且憑收條每年可向電話公司收息一次。電話費在港九各市區及市區外近電話分局一英里之內概年收一百十七元，市區外如九龍界限街之北則每年收一百六十七元，深圳年收四百元，香港銅鑼灣年收一百八十元，筲箕灣年收二百四十元，均分四季於一月、四月、七月及十月之首日繳納，但新界與港九各區通話時每次另納費一毫。

各過海及車站等處皆裝有公共電話，用時先叫號數，俟接線人告以納幣時，將一毫輔幣納入孔中，即可通話。

香港與廣州及內地本可通長途電話，與上海及漢口且通無線電話，但以戰事發生中斷。現香港與小呂宋及重慶可通無線電話，時間爲每日上午八時至下午十時。凡電話用戶常需與兩地通話者，預繳按金五十元，通話費按月清算。與菲通話每次四十一元，與渝通話，每次二十一元，以三分鐘爲限。未掛號者與非電話用戶可至德輔道電話公司或彌敦道分公司交費通話。

（附註：）自歐戰起後，無線長途電話已不准用。

第三章 旅客須知

一、到埠

郵船到港多靠九龍倉碼頭，內海船到港則或泊海中浮筒或靠西營盤或上環碼頭。在廣州失陷前如自浙贛、粵漢、廣九等路來港，則達尖沙嘴車站。飛機到港降啟德濱機場。

到埠時如情形不熟，可先找旅行社或可靠旅館之招待員。此項招待員均着制服，帽上有徽章，並携有印就卡片。旅行社有中國旅行社，(China Travel Service)美國運通銀行，((American Express Co.) 英國通濟隆公司(Thomas Cook and Sons)及香港旅行會(Hongkong Travel Association)等。九龍尖沙咀方面香港旅行會在九龍倉入口處設有辦事亭，中國旅行社在廣九路車站內設有辦事處（電話五〇六八六）。中國旅行社香港社址在皇后道中六號上海商業儲蓄銀行內（電話三一一一六號）美國運通銀行在德輔道四號（電話三一二三六，）英國通濟隆在香港海傍尖沙嘴碼頭斜對面（電話二〇五二四），如到埠時無招待員，可設法電話叫來。中國旅行社電報掛號二四六四，先行電知，可派招待員接船。少數旅館亦有電報掛號，如香港大酒店爲Kremlin，半島爲Penhote，京都爲Metropole，新亞爲〇一二六六，國爲一二四一，新新爲一九九〇，彌敦爲五五六〇等。（地址詳附錄三。）

自廣州失陷後，因難民太多，香港政府規定如無親屬或保人，須攜有港幣二十元始可登岸。

二、禁例

香港係無稅口岸，一切貨物入口無須檢驗，但雪茄煙、紙煙、煙絲、花露水、香水、洋酒、酒精、飲料、汽油及汽車零件等非英國製造者，皆須報關繳稅；一切軍火、麻醉品（如鴉片、嗎啡、高根、海洛因等）非經特許領有執照者，不准入口，如私運查出，當予重罰。狗類除香港獸醫官領有執照外亦不准入口。

在夏季他埠有疫病發生時，入口時往往需要醫生證明書且有期限。如種牛痘、打防疫

針等,須在上船前辦妥,不宜過早或過遲。(經過七天之後至六個月之前方有效)

香港港口禁止攝影,故乘船或機到港時,須將照相機放在行李內。又如山頂及其他高處亦往往有牌示禁止攝影。

三、旅館

香港普通旅館大都在海傍干諾道上,著名者有大東(永安公司辦)亞洲、皇后、陸海通各酒店,名利棧、泰安棧等。在德輔道者有南屏、美洲、新亞等酒店。在九龍彌敦道者有新新、彌敦、金台、和平等酒店。仿西人管理而實由華人辦者有皇后道中之京都(Metropole Hotel)雪廠街之思豪(Hotel Cecil)皇后道中之勝斯(St. Francis Hotel)灣仔海傍告羅士打道之六國、九龍漢口道之九龍酒店等。西人辦理者則有香港大酒店、淺水灣、告羅士打、及半島(尖沙嘴)等。此三類價目以後者爲高,價在十元以上,中者次之,約四五元以上,前者有低至一元餘者。(參看附錄。)

四、公寓

如在港停留較久而又不願租屋住者可改寄居公寓。公寓有中西二種：西式多在九龍尖沙嘴各橫路一帶設備較佳，兼備西餐取費較昂，中式多在堅道及其橫路一帶，設備較差，兼備中菜取費較廉。如欲住西式公寓可購英文早報查最後一版或第三版之分類廣告。中式公寓有時亦在大公或他報分類欄登廣告，但常須親自訪問。

五、銀行及大商店

香港市面在中環街市之東多大洋行及銀行，中環街市以西漸多中國商店，西營盤一帶，尤多舊式舖肆。在皇后道中之東端第一號有鉅廈屹立郎滙豐銀行，（俗稱上海銀行）二號爲萬國寶通銀行，三號爲渣打銀行，四號爲中國銀行，五號爲法國東方滙理銀行，六號爲上海商業儲蓄銀行，七號爲有利銀行，十號爲廣西銀行，十一號爲國華銀行，十二號爲友邦銀行，十三號爲華僑銀行，十五至十九號爲大英銀行及大通銀行等。在中國銀行右側都爹利街四號爲中南銀行，中國銀行斜對面之雪廠街則有廣東省銀行（皇后行）交通銀行（五號）國民商業儲蓄銀行（七號）荷蘭銀行（九號）等。德輔道中有美國運通銀行（四號）華比銀行（四號A）安達銀行（五號）廣東銀行（六號）金城銀行（八號）東亞銀行（十號）中國國貨銀行（二十五號）永安銀行（二十六號）鹽業銀行（二百三十六號）等。是爲銀行區各大銀行大都須上午十時方開始營業，下午四時止。外國銀行下午三時卽止，星期六下午多不開門。

香港百貨公司華人辦者，有大新（德輔道中一八五號，）先施（同上一七三，）永安（同上二一三）及中華（皇后道中六二A至六八）是爲四大公司。外人辦者有惠羅，（英名Whiteaway Laidlaw Co. 在德輔道中二〇）及連卡喇佛（Lane, Crawford. Ltd. 德輔道中十四號）兩家。九龍有昌興百貨商店在彌敦道五十三號。

專售國貨之中國國貨公司，在德輔道中二四號。分店在九龍油蔴地上海街二〇八號。各大書店亦在皇后道中：世界（三三，）商務（三五號，）大公（三七，）百新（三九，）中華（六九，）會文堂（九四，）生活（一七五。）專售西書之別發則在遮打道（Chater Rd. 近德輔道中東端之一支路。）

九龍彌敦道南段多西人商店，中段及北段多華人商店。舊式舖肆多蝟集上海街一帶。

香港各大洋行及辦事處（俗稱寫字樓）等多設在德輔道、皇后道、干諾道各大廈內。重要之大廈有如下列：皇后行(Queen's Bldg.)在干諾道五號及遮打道三—五號，皇帝行(Kirg's Bldg.) 在干諾道九號，聖喬治行(St. George's Bldg.)在干諾道七號及遮打道七號，沃行(York Bldg.)在遮打道十三號，太子行(Prince's Bldg.)在遮打道二—四號及德輔道中一—三號，於仁行 (Union Bldg.) 在遮打道十九號，亞力山大行（ Alexandra Bldg.)在德輔道中五—九號，交易行(Exchange Bldg.)在德輔道中十四號，必打行(Pedder Bldg.)在皇后道中必打街口，華人行(China Bldg.)在皇后道中三十一號，經紀行（(H. K. Exchange Stock Bldg.)在雪廠街十號，公主行 (Marina House) 在皇后道中十九號，亞細亞行 (Shell House) 在皇后道中二十號，宏興行(Wang Hing Bldg.)在皇后道中十號，容章行 (Yung Cheong Bldg.) 在皇后道中五十號。（正在建築中）

六、護照

自中日戰事以來，由上海、平、津、江、浙各地至西南各省者多須經香港取得經安南之護照。此項護照可向外交部簽證處（皇后道中五號東方滙理銀行五樓）具領。申請時須填具領照事項表二份，繳呈四寸半身相片三張（全家合領者可攝在一起）且由港地殷實店舖或司理人簽章担保，連同護照費六元，親自送去，討回收據，約四五天後再持收據前往領取「過境照」。領得後再至德輔道中九號亞力山打行頂樓法國領事館，繳納簽證費一元，聲請加簽，約期四十八小時後取回。領過境照者在安南停留以兩週爲限。如須停留十四天以上，須領「入境照」，手續相同，惟護照費須八元，簽證費須七元半。領照事可由中國旅行社代辦，另付手續費二元。往他國領照手續大致相同，惟自中日戰事發生後，中國政府對於簽發護照限制較嚴。往美國及其屬地者，領得護照後，須至滙豐銀行樓上美總領事署加簽。往英國及其屬地者，須至德輔道中五號六樓香港政府護照部加簽。（照上相片指定須在士丹利街德忌笠街口華芳相館所攝）往荷蘭及其屬地者，須至皇后大道中亞細亞行荷蘭總領事署加簽。

第四章　衣食住等

一、衣履

香港冬令既不嚴寒，故絕少需用皮衣。婦女雖有着皮大衣或皮批肩者，不過風尚而已。男子冬夏多着西裝，年青者竟不備大衣，備者亦少厚絨。夏季中國青年或着華式短裝，衫較普通內衣略長耳。中國男子着長衫者仍不少，冬令多服夾絨袍，穿絲棉或棉袍者較少；女子西裝者亦有，但多穿旗袍。雲紗及拷綢為廣東出產，工人不論男女在夏季多取作衣褲，上等女子且有以作旗袍者。

上等西裝店多在德輔道、皇后道中及九龍彌敦道南段與其附近各街，次則灣仔及九龍上海街一帶亦不少。中國裁縫店則在堅道、跑馬地及九龍上海街，製作之裁縫大多為江北人，招牌雖稱來自蘇杭。

香港男子出外多不戴帽，女子反戴帽。惟在雨季除雨衣外多備呢帽，或不穿雨衣戴帽而備傘。油紙傘亦有用者，但不及洋傘爲多。

香港多雨且歐化，故男女多着皮靴，但以天氣潮濕，脚上易發濕氣所謂香港脚(Hong Kong Foot)故雖男子用皮靴亦有通花者。大街街邊及過海船上多有擦鞋小童，除着紅衫Nugget取五仙外，大都取費二至三仙。工人不論男女多穿木屐在水泥道上行時發出清脆之聲，常擾人清夢。港方鞋舖以威靈頓街（在皇后道中之南一平行路沿坡而築）爲多，九龍以上海街爲多。

二、飲食

「食在廣州」，此風當然由粵而港。自廣州失陷後，名廚亦多避難來港，香港遂成飲食最佳之地。

飲茶爲粵人最普遍之習慣，大半由於氣候之需要，小半由於住所之狹窄，故飲食店以茶樓、茶居或茶室爲最多。向日以賣早茶者爲茶樓，賣午茶者爲茶居，賣晚茶者爲茶室，近已不守成例。自著名茶樓高陞翻造復業以自凌晨至午夜不停號召顧客後，其他茶樓亦紛紛仿傚。

早茶由凌晨五時起至九時止；午茶由中午十二時起至下午三時止；晚茶由下午七時起至午夜止。顧客一到，先由夥計詢飲何種茶，計有：龍井、水仙、六安、壽眉、菊花、荔枝紅等種。自後有專人各售一種點心者一一叫着捧來，茶客見何種喜食，可令放下一二碟。價目視碟之大小多少而定，蓋以點心之精粗分碟之種類。茶價則視坐位而定，大廳廉而房座貴，卡位則居其中（卡位像火車二等座位，相對長椅可坐二三人，中有長桌）又視樓之高低而定價。普通茶室以二樓大廳茶價最低。最廉每盅二仙，以次遞加，近以各地運茶不易，茶價猛漲，有各增一仙之議。茶盅飲乾後，將盅蓋揭起，夥計即來加水。到茶樓飲茶有專來飲食者，最經濟食法爲「一盅兩件，」晨餐一頓化費數仙即可；有來應約談天者；亦有來批閱報紙者；前者食畢即去，後二者常坐半日。茶客起身言去，夥計視盅碟多少及大小算帳極速，以口報數。茶客自往樓口櫃面付帳。除熟客外多不給小帳，但給亦不拒。茶樓除點心外亦有麵、粉、炒飯之類，酒菜則不備，茶室則於下午四時後每兼營酒菜。

廣東酒菜館多稱爲酒家（酒店爲旅店，酒館酒莊則爲賣酒之肆）亦有稱酒樓者，但較少。酒家有兼賣茶者，因專食酒菜者少，食點心者多。酒家多於正午開門，午夜始收市。招待周到，小帳例給，手震無定。（俗語手震係給與女招待特別示惠之小帳。）近來非粵人之酒樓漸多，如皇后道中華人行頂樓之大華灣仔六國飯店及英京酒家之川菜部皆以川菜著。

石塘咀本爲烟花集中之區，鴉片在港公賣，上等烟室多在此。娼妓雖爲港政府所禁，但歌女侑酒之風如昨。此風仍行之於石塘咀各酒家，營業時間自下午六七時至半夜二時。粵人在此宴客者，客人例於七八時到後先吃便飯，每桌價二三元至十餘元不等，然後看牌聽唱，每至午夜十二時或一時後大開筵席，所費有在半百以上者，小帳亦豐。少數茶樓及先施、中華兩百貨公司之天台每晚七八時後亦有清唱。但係由歌伶在大廳中登台，與石塘咀情形不同。茶樓有歌壇者在港方除先施中華外，有添男、蓮香、雲香三家，九龍有大昌奇香雲龍雲來四家。

（附註：）港九各酒家餐室非備有執照者，不得賣酒，顧客亦不得攜酒到飲。

香港濡染歐風，各大西餐室大都以下午四五時爲飲茶時間。有茶舞往往延至七時。西餐室大者有音樂伴奏，小者僅供餐點。午餐多自下午一時起，晚餐則八時起。至有舞女供客摟抱者稱舞廳，以廣州、金陵、中華、國泰、大華等爲著名。

香港氣候較熱，西餐室多售冷飲品及雪糕（卽Ice Cream）亦有專售冷飲品者。

港九各區皆有菜市，尤以最近落成之中環街市爲最摩登，全部鋼骨水泥，造價二百餘萬；惟攤位年租有高至數百元者，故菜價昂貴，以致中環住家工人竟有乘電車或公共汽車至灣仔菜市買菜者。上環街市亦將興工翻造。九龍鄉民雖多種菜，但供不應求，故港九菜蔬有賴中國沿海一帶輸入。平時價已不廉，戰時更爲昂貴。

供給西人買菜、果、咖啡、罐頭及麵包之店俗稱士多（由英文Store一字而來）以中環街市東便之域多利街爲最多，華人亦多往購。

安樂園爲粤人之吃食店，港九各區支店甚多。店內、後部多售西餐小吃及冷飲品，店面則售麵包乾點及本廠自製之餅乾糖果。

（附註：）香港公共廁所甚少，除各菜市大都附設外，有下列各處：一、皇后大道中東頭花園道轉角處；二、干諾道中德忌利士街口；三、干諾道西摩理臣街口；四、威靈頓街西頭，五、灣仔洛克道運動場左便，六、灣仔交加路口，七、西邊街第三街口等。又上述（第三章第五節末）各大廈內每層大都均有公用廁所。

三、住屋

香港地帶狹窄且多山坡，故住的問題在平時已不易解決，戰時更爲嚴重。香港地價本昂，建築新例又嚴，在鬧市以前可用磚木者，今非鋼骨水泥不可，但斗室之地月租數十，實屬過昂，幸香港定例局已頒律不准房東迫房客加租或遷居，否則更不堪設想。

香港最高等住宅區在山頂，但雨季霧大，且交通不便。次爲跑馬地銅鑼灣及九龍塘一帶，屋宇之外尚有空地，跑馬地之住宅近多已改建大廈分層出租，其他各區之住屋亦然。至鬧市之屋亦多四五層，下層爲店，二層以上爲住屋，往往一層中住十餘家。房東按床位出租，入夜連房門口之道路，亦爲帆布床所塞。近工廠區之住屋亦每層若干家擁擠非常。

香港租屋平時較易，欲租者可至各區訪查，見有招租條便可入內面洽。中日戰事以來，租屋有「非眷莫問」「小孩太多者不租」等等條件；且多不貼招租，或登報須先通信或電話接洽，或須託經紀訪求，租成之後酬報「鞋金。」租時如有傢私或裝修，須出頂費。新建公寓式洋樓，每層多無間隔，而須住客自裝，轉租時必須頂費。

香港建屋必須由建築師出面，而經政府承認之建築師甚少，聞華人僅十餘人。建築師須英國或香港大學畢業且有經驗者。如式樣不合，每遭工務局批駁不准。改建房屋時亦然。

據最近屋宇之正式統計，香港有一層屋五三二間，二層者一、二五七間。三層者五、〇五四間，四層者六、四五七間，五層者六五八間，六層者二二間，七層者二五間，八層者四間；九龍則有一層者一五一間，二層者四九五間，三層者五、六一三間，四層者三、一九〇間，五層者一三間。六層者一間；合計二三、四七二間，七八、四七六層，鄉村者不在內。

香港各區住屋既密，如遇火警，非常危險。凡見有火燭發生時，應即電話滅火局派人施救。計港方滅火局電話為三〇三〇三及三〇三七一，九龍方面為五七二九五及三八一七一，居民務須牢記。

四、醫藥

香港初開埠時，因氣候濕熱，地面荒遼，疾病頗多，不適於人居住。自殖民地政府成立，極力提倡醫藥衛生事業，疾病大減。獨惜人口遞加太速，醫藥發展之速率落後。自中日戰事發生以來人口激增，醫院床位時告盈滿，除急病外往往需預先掛號候補而住院病人病勢略減即有受逐客令之虞。

香港醫院可分政府、半官或與私家三種。政府辦者在港方有瑪麗醫院（薄扶林區南電話三四一四一，四一四號車盡頭，七號車經過）及九龍之九龍醫院（何文田東電話五八〇七一轉線。）兩院設備均佳，尤以瑪麗醫院規模宏大，專科醫生多係香港大學教授。兩院頭等房均價昂，但普通統間大房取費極低。

半官式醫院係由華人慈善機關主辦，香港方面有東華醫院（在荷里活道西頭普仁街電話二八一六六）及東華東院（在銅鑼灣掃桿埔電話二六六四八，）九龍方面有廣華醫院（在何文田西廣華街）取費均廉，且可由中醫診視。

私家醫院則有養和醫院（跑馬地山村道二至四號電話二六六四一）聖保羅醫院（銅鑼灣）何妙齡醫院（專收產婦）雅麗氏及拿打素醫院（Nethersole Hospital）均在般含道（電話二七七八六）寶血醫院（九龍青山道南端電話五六五三七）等。

此外政府在各區設有公共醫局及街邊診所（Street Stations）均可門診及種痘打防疫針等。新界鄉區有紅十字軍巡迴診視。均取費甚廉。政府又設育嬰指導所（Government Infant Welfare Centres）二處：一在香港灣仔莊士敦道（電話三九一三五四），一在九龍彌敦道二二五號（電話五〇五六〇）每日上午均有門診。

香港中西醫生及牙醫甚多，獸醫亦有。西醫照港例須在英國或香港大學醫科畢業者始可掛牌，其他外國西醫除日本各大學醫科畢業者特准掛牌外，餘均不能掛牌。門診時間大都在上午十時至一時，取費不一。下午出診。醫生忙者，均須預約，以免久候。香港方面醫生診所多在皇后道德輔道一帶，尤以皇后道中必打街轉角之華人行為集中之地，九龍方面多在彌敦道一帶。

香港皇后道德輔道及九龍彌敦道一帶藥房亦不少，中國藥店則分佈在香港皇后道、堅道、跑馬地及九龍上海街各地。中國藥店以皇后道中一一一號余仁生及永樂街二一九號集蘭堂爲最大，但取價亦較昂。西藥房必須有有執照之藥劑師一人至二人，（聞有藥劑師之西藥房全港不過十家）除極普通之藥外，例須有醫生藥單始可出售，近則連阿司匹靈加當等亦須醫生簽字，至有毒性藥品更須由購者簽字於售藥簿。

聖約翰救傷隊爲香港最大之救護組織，平時如遇火警或其他集會時，派員到場救護，戰事發生以來，更從事於中英邊界難民救濟工作。總辦事處設大坑道（電話二六二三六）。此外專備接送病人及救傷用之紅十字車，車行在香港德輔道及九龍彌敦道均有一處（電話三〇三〇三及五七二九五）。

（附註：）嬰孩在港出世，必須向管理生死註册署報告。生後一月內註册者免費，逾期罰款。如在醫院生產或註册醫生接生，可代報。

五、喪葬

香港屋宇狹小，且層樓高聳，在中區一帶，住在高樓上者如有死亡，棺材出入煞費周章，幸專有業此者，可由馬路旁用竹木搭闊梯直上，不必經平時人行之窄梯。香港例定死亡者必須由喪家向管理生死註册署報告，並繳醫生證明書。死後除特許外必須在三天內出殯。

香港殯儀館甚少。如在醫院死者可即在醫院殮房入殮。

香港安葬的地點皆由政府指定。自灣仔太原街以西直至西環的居民死亡者，概須葬在鷄籠環（在島之西南）公家墳場。自太原街以東直至筲箕灣的則葬在咖啡園或柴灣（在島之東南）墳場。在九龍的則葬在九龍墳場（在何文田之東）。新界鄉區較爲自由。此類墳場每穴相隔不過三尺，價自三毫至數元不等。

除公衆墳場外，富人可以葬在香港仔及荃灣的永遠墳場，山地較大建築較好，費用每穴在三十元以上。各教會亦有專葬教友的墳場。富有之家不願葬在港九而欲扶柩回籍者可寄柩在東華義莊，但亦有時間限制。

各墳場離市較遠，且山地狹小，故送喪者多不送至墳場。香港薄扶林道及九龍何文田口均有「永別亭，」送喪者多送至此爲止。

第五章　遊覽

香港開埠未久，古跡甚少，但依山傍海，天然風景佳麗之處却頗多。玆分段先述古跡後述名勝：

一、九龍古跡

港九古跡自以宋王台爲最著。宋王台在九龍城附近之官富埸，以宋帝昺南渡時曾一度登臨其地，爲近海小丘，上多巖石。所謂台實爲一巨大之石約三百噸重，山麓有大榕樹三五株。近來本港紳商爲保存古蹟計，乃加建牆圍，闢爲園林，以備遊人憑弔。

九龍城乃開埠前所建築，城在斜坡上，近年向市一面經已拆除。城之附近有五龍廟，內置眞武大帝銅像。像本置廣州某寺，重千餘斤，係五百年前所鑄，鑄工甚精。民元間省當局拆寺將像作廢銅出售，爲港商曾氏所得，乃建此廟祀之。城西有侯王廟，因楊國舅亮節護宋帝南渡死於九龍，居民建此以誌紀念。侯王道之尾，有茶寮數間兼賣小食，以餃子沙河粉爲著。

遊人到此，可作休止。

九龍新界之青山禪院，在深水埗之西北青山。青山又名杯渡山，南宋杯渡禪師住錫於此故名。九號車可直達至山下。登山有二途：一在正面，須以舟渡淺灘，一繞曹園之背逶迤斜上。禪院築於山麓，上有楣額署「青山禪院」四字，兩旁聯爲「十里松杉圍古寺」對「百重雲水繞青山。」上有海月亭，橫署「海合明月」，聯爲「白雲白鳥飛來去」「青史青山自古今。」旁有杯渡巖、觀音閣、魚骨巖等勝景。杯渡巖有杯渡禪師之石像，像高約四尺，作赭色袈裟。右有小平台，石碑刻「高山第一」四字。魚骨巖中有魚骨數根，植於大香爐上。旁有小瀑布，僧引泉院內，爲客備浴。

二、九龍名勝

青山道上多中西園圃別墅等風景佳勝者不少，主人有偶一蒞至者，稍出小費大都可入內游覽。循公路可至平山、元朗，由元朗有路可通錦田，沿途多屬田園，如由公路續進可至粉嶺。粉嶺有遠東最大之高爾夫球場，計有三大場地及兩會所（一男一女）但非有介紹不易入內參觀。

自粉嶺向東有支路可達沙頭角，沿路風景絕佳。粉嶺向南循公路東行二十餘分鐘即至大埔墟，爲新界一大市集，逢三六九尤盛。大埔墟有省心草堂，地頗清靜。大埔墟南不及一里爲大埔中經一長堤，風景亦勝。大埔人家甚少，但有巡理府及差館等新界政府機關。自大埔至沙田車行亦約二十餘分鐘，路忽上坡忽沿海，爲新界風景最佳之區，別墅亦有多處。山中甚多小瀑，雨後量大，潺潺之聲盈耳，瀑下野餐殊爲樂事。

沙田車站旁有西林寺，內略具人工園林，寺內可食宿，設備尚佳，惜取費頗昂。此一帶山中多家菴，非有人介紹多享以閉門羹。車站之西有道風山，山上基督教叢林乃北歐瑞典路得教會所設。有宗教研究院並接待有道僧人居士。自沙田南望可見一若婦人負兒之望夫石，如願攀涉，沿途亦有小瀑，越嶺可至九龍城。如循公路南行，須繞山坡，紆迴山澗，穿插松林，風景奇幽。未幾見一大湖，即九龍水塘，乃港九食水水源之一，亦世界最大水塘之一。路傍多猴甚馴，見人求取食物，如預攜果物爲餌，羣猴畢至，可稱奇觀。因此地名俗稱馬騮山。（粵人稱猴爲馬騮）自此向南復入深水埗九龍方面之名勝古跡盡於此矣。

三、香港古跡

香港古跡更少，有之僅山坡荷里活道（Hollywood Rd.）之文武廟，據云係未開埠前建築物，大約係開埠初年所造成，文祀文昌武奉關帝，香火甚盛。至香港仔歷史雖久，僅有一天后廟係未開埠前遺物。爲漁民演戲酬神之所，無甚可觀。香港仔對岸之島曰鴨脷洲，居民亦不少。天主教之神道學校在焉。港中漁舟麕集，有大小遊艇可作水上遊，船娘司櫓，並有粥艇菜船以供飲食。岸上酒家亦以海鮮號召顧客。

四、香港名勝

島上風景以登升旗山爲最佳。行程可由下環之南花園道山頂纜車車站乘纜車上山，沿途穿林越谷，有時凌空直上，兩旁園屋有如下墜，以七分鐘行一千三百尺。及巔如天氣晴朗，則空氣清新，一望無際，俯覽大海則流波浩渺，雲水相連。纜車不能至域多利最高峯，如欲攀登，或步行，或乘輿（來回七毫）直達山頂，全港在望，帆檣出沒烟波浩渺之間！但如在雨季多霧則不宜往。由山巔返纜車車站可經盧吉道(Lugard Rd.)路之北段乃用桂石支撑，工程偉大，紆迴環繞，可見島上四面風景，步行約一小時，人力車則約半小時可至車站。如在山頂觀日落，當金烏西墜時，萬道霞光，漸漸西沉，而全港電炬齊明，寶星萬點，間以紅綠檣燈，掩映海畔，遠望九龍燈火蜿蜒猶龍，漸遠漸沒。此種奇景，洵非他處所能見着。

升旗山頂及西高嶺一帶產夏蘭子(Hydrargea)爲八仙花屬，有赤、紅、紫以至淡藍等色，陽歷六月間開放時，滿山滿谷，如火似荼，因而有人稱爲香港花塢。

如由花園道乘纜車登山，在第一站寶雲道下車，離站左行，沿途鳥語花香，心悅神怡，爲島上步行最佳之徑。行至路隅與汽車道接，由此可直落跑馬地。又在寶雲道中，左有亂石小路，拾級可登，架棚爲廟，內供巖石高僅尺餘，相傳凡關姻緣配耦，往求多驗，故稱姻緣石。

島之東部亦有大水塘曰大潭篤水塘，可由筲箕灣或赤柱經香島道，折而西到達。塘上有石壩高一百七十呎，上能行車，亦屬巨大工程。如由香島道折而東南行約三英里則達石澳，其地有園林別墅及游泳場等。由此遠望德忌笠海角Cape D' Aguilar 爲島之東南角，高聳入雲之無線電台在焉。

筲箕灣有舊式村落廟宇，海中多游艇，月明之夜男女榜人唱歌問答乘艇放棹亦夏間消暑之一道。

島上人工開闢之風景則有植物園、利園及虎豹別墅等處。植物園俗稱兵頭花園，在堅道東端花園道旁，有各種奇花異卉及動物等。利園在銅鑼灣，俗稱渣甸山，本為怡和洋行西人別業，後為華人利某所得。園中亭台樓閣齊備且有巨榕一株。虎豹別墅俗稱萬金油花園，在銅鑼灣之南大坑道山坡上，為星洲華僑胡氏別業，但主人不常在港，故時開放，近且建有浮屠七級，高一四五尺，在海面上千餘尺。市區一帶無甚勝跡可觀，惟中環東端有歐戰紀念碑，每逢和平紀念日（十一月十一日）港督常在此檢閱軍隊。

五、遊覽方法

港九遊覽可分步行、車行、海行三種，向有空行一法，近因國際風雲緊急已無形取消。

島上及半島各山谷中有不少行人佳徑，如上述之寶雲道即其一例。兵頭公園亦可由皇后道上砲台道經聖約翰禮拜堂，右轉至上亞厘畢道入園。又如乘纜車登山頂後，可向左繞盧吉道經克頓道(Hatton Rd.)至干讀道(Conduit Rd.)隔水塘時由右旁山道斜落香港大學而至般含道。（約須兩小時）升旗山之東南有奇歷山(Mount Kellett)可由山頂依大道向左行爲一英里半達旱橋時向右轉，環行奇歷山一週，仍回車站乘纜車下山。（約一小時）又如乘纜車上山至離山頂一站白加道(Barker Rd.)下車，沿路向左行至尾時與大道銜接，由此右轉至馬已仙山峽(Magazine Gap)交叉道而有交通燈號處，再前行至灣仔山峽，見有指路牌時，卽向右轉斜上行至盡頭爲黃泥涌，然後沿大道下山而至跑馬地。（約三小時）

九龍方面除馬騮山可乘二號車至大埔道下車，循路（路口有往大埔及沙田指示牌）登山（約一小時半）外，如足力健者可登最高之大帽山。登大帽山路徑有數條，以由荃灣直上爲最著。荃灣可乘九號車到達，轉右入山，再轉左經一樹林，約行四分之一英里，右便有一小徑，可經一山窪而達峯頂（來回須五小時。）九龍城之北有鑽石山，山下有一小湖亦稱小西湖，自九龍城步行半小時可達。如由九龍城翻山至沙田，可由機場對面之大道行至保康村，再轉右行半英里，見牛奶場時轉左，經一樹林，卽至嶺上一廟。在此可飲茶小憩，再行五分鐘達嶺之巔，由此直下至山下圍村，卽離沙田不遠。（約二小時）沙田大埔一帶雨後觀瀑之處及山間別墅甚多，乘火車至各站步行半小時至兩三小時不等，均有可觀之處，茲不贅述。

以上遊覽方法以步行爲主，輔以纜車公共汽車或火車，用費經濟，但須寬以時日。如在港停留期短可雇汽車或環遊全島（如不停留約二小時半車費七元半）或遊九龍城九龍塘等處（約二小時費六元，）或環遊新界（約三小時半費十元半。）但走馬看花，未能暢遊。此外尚可乘自行車（俗稱單車）至各地遊覽，惟上坡不易，租車須舖保，常住港者不妨自備。

如欲遊覽附近各島則可作海行，或自雇電船（卽汽油船）小火輪，或附搭油蔴地小輪公司之定期小輪均可。長洲島在香港西南大嶼島之東，爲大小漁舟麕集處。岸上有街道，舖戶、茶樓、旅店及廟宇等。市街之東多西人別墅及游泳場。海程約一小時可達。平洲在長洲之北、大嶼之東，亦一漁埠，海程路近。大嶼島有三處可以登岸：一在北岸東涌，一在西岸大澳，一在東岸銀礦灣。以大澳爲最遠，需時三時一刻，大澳對岸亦有市面，中隔海峽，可乘小艇以渡。此外如九龍半島東南角之清水灣爲游泳勝地，西面之西貢亦有市面，公路雖可達，亦以雇輪往遊爲快事。自西貢翻馬鞍山可達沙田及大埔，惟有三嶺須攀，非竟日及健步不可。

在港停留三日以上者可往澳門遊覽。由港往澳之小輪船早、午、晚均有，行程約三四小時，如乘早八時開之船當晚可回港。（價詳附錄）

第六章　娛樂

香港以氣候溫和，戶外娛樂與戶內娛樂均頗發達。戶外娛樂除遊覽外以游泳爲最盛，每年四月至十一月皆爲游泳時季；次則爲各種球類運動及跑馬等。戶內娛樂除叉痲將外以看電影爲最普遍，次則看戲、聽無線電廣播、打彈子、及到俱樂部談天。

一、游泳

港九四面皆海，水鹹易游，故幾乎沿岸到處可游。華人游泳場多設在七姊妹一帶，故至游泳季節，每日下午乘二號公共汽車，或筲箕灣電車，擋一籐籃東行者，項背相望；中途上車幾不可能。各場普通會員每季納費二元至十元不等，非會員入場門劵每次四毫，經會員介紹者二毫。場內均有竹搭之更衣室及休息台與看台，有廚房供冷飲品及餐點，即不善泳者亦可消磨半日。西人游泳場則以淺水灣爲集中之地，場內設有華麗休息室，分座出賃，亦供西式茶點小食，取費較昂。華人富有者亦多往游，六號公共汽車及香港大酒店汽車均可直達，乘自備車往者亦多。此外如西環堅尼地城、石澳、深水灣、赤柱及九龍青山、荔枝角等處亦皆有游泳場。

二、球類及跑馬等

戶外陸上運動以足球爲最受人歡迎，但參加者少，作壁上觀者多。足球以南華體育會之足球隊爲最著名，每次與他隊比賽時，加路連山（在跑馬地之東南）之南華體育會場上人山人海。入場門券普通者價僅數毫，但遇慈善賽或籌賑賽時有高至十元以上者。南華體育會成立已二十餘年，有會員五千餘人。西人足球賽多在跑馬地舉行。西人嗜高爾夫球，除粉嶺外，深水埗、石澳皆有場地，跑馬地雖平亦有打高爾夫球者。此外華人有玩小型球、網球、籃球，西人有玩網球、棒球、Jockey, Cricket 等者。

香港精武體育會乃由上海精武會員來港發起，九龍設有分會。除提倡各項運動外，對於國術尤爲注意。中華遊樂會在銅鑼灣，會員亦頗衆。

在港九騎單車（卽自行車）亦一娛樂及運動良法，因各馬路路面均佳。每遇假日及星期，乘單車至新界各地遊行者頗多。單車團體有香港車會，五洲單車團及青年會單車團等。每年且有單車大比賽。

西式帆船用以作海上遊，素爲西人所喜。近來華人亦有嗜此者，游泳會且曾提倡帆船過海比賽。

香港跑馬多在跑馬地舉行。跑馬時不但作壁上觀者以萬計，作香檳賭者且以數十萬計。頭彩以加入人數多少定彩金大小，得者固成富翁，以買馬票而傾家蕩產者，亦不乏人。騎術學校有兩處：一在新界沙田，一在九龍馬頭圍道。

政府在各區皆設有公共運動場，場地雖小，並不取費。

三、電影

香港電影院以皇后大道中之娛樂與皇后二家爲最華麗，夏季有冷氣，所映多爲首次西片，座價頗昂。灣仔有東方，國泰二家，多映二輪西片間映國片，取費較廉。銅鑼灣利園側有利舞台近亦映電影，多國片，價亦廉。皇后道中東段之中央，德輔道中之新世界，皇后道東之香港及九如坊之九如坊戲院等則以國片為主，惟除中央外多映粵語聲片。

九龍彌敦道中段之平安多與皇后放同樣西片，但取價較廉，而無冷氣。尖沙咀漢口道之景星及彌敦道中之大華亦多映西片。映粵語國片者則有彌敦官涌、北河、砵崙、東樂、油蔴地、光明等院。

電影開映時間大都有二點半、五點一刻、七點一刻、九點半四次，亦有加正午十二點半一次者。

四、戲院

港九戲院大都演粵劇。香港方面有太平（在堅尼地城）、高陞（在皇后道西）、利舞台有時亦演劇。九龍方面有普慶，在彌敦道中段。近來話劇流行，國語粵語均有，或在戲院或假影院公演。

五、無線電廣播

香港無線電廣播電台計有中西各一。中文電台呼號為 ZEK，週波六四〇，每日正午十二時半至二時半先有國樂唱片，中插時刻及天氣報告，後爲粵曲唱片，下午六時起有音樂家奏樂，七時有時刻天氣報告及用粵語國語報告新聞，七時半粵曲唱片，八時演講，九時國樂唱片，九時十分教授國語，九時半潮州唱片，十時演奏粵曲。西文電台呼號爲 ZBW 週波八四五，亦十二時半起有西樂唱片，一時有時刻及天氣報告，繼以軍樂演奏及交響曲，至二時一刻止；六時起西樂演奏，六時三刻轉播倫敦廣播，七時半本港股票行情報告，八時時刻及天氣報告，繼以唱片或音樂演奏，九時十分本港體育新聞，九時半轉播倫敦新聞及音樂等，十二時止。

（附註：）凡在港購備收音機者必須至郵局二樓登記，每年納稅十二元，否則查出重罰。

六、俱樂部

西人俱樂部以香港俱樂部規模最大，會所在海傍干諾道東端，會員以英人爲主，但他國人亦可加入。次則美國俱樂部（匯豐銀行樓上。）德國俱樂部（在遮打道一號A）葡萄牙俱樂部（在雪廠街）等，皆以一國人士爲範圍；山頂俱樂部、九龍塘俱樂部等，則以地區爲範圍，中西人士皆得爲會員，但以西人爲主，會費均昂。

華人俱樂部以華商會所及華商俱樂部爲最大。會員多爲本港紳商，前者會所在德輔道中廣東銀行頂樓，有圖書館，中藏中西書報多種。後者會所在皇后道中華人行六樓，可供會員娛樂。

此外俱樂部甚多，大都須有會員介紹，方可入內。

七、其他娛樂

麻將素爲粤人所喜，西人嗜之者亦不少。華人常至各酒家旅館開房間叉至半夜或通宵。近年來猶導社大爲發達，雖有禁止之議，未見實行。夜間至各舞場跳舞或至各茶樓及先施中華天台茶居聽歌伶者亦不少。

第七章　實業

一、進出口

香港當中國西南海岸之要衝，進出口貨物甚多。進口以下列各項爲多。據最近統計，半年中（一九三九上半年）糧食一項進口者值六八、七八三、七〇六元（較去年同期約減二千萬，）出口值六〇、四五二、一一一元（減八百萬，）此項糧食包括米石、蔬菜、麵粉、鮮蛋、魚類等，米以暹羅安南來者爲大宗，麵粉則來自美國加拿大及澳洲，除一部分銷售本港外多運入中國，至蔬菜、鮮蛋、魚類則來自中國沿海各地，除一部分外銷外多供本港之用。疋頭進口值四一、二二一、八〇一〇元（減三十萬，）出口二九、六六三、九〇一元（減四十萬，）疋頭來自歐美日本，尤以後者爲多約佔四分之一，出口多入中國。油類進口值四一、八〇二、一〇二元，（減一六七萬，）出口三四一、九〇〇、七九九元（減六五五萬，）此項包括桐油、煤油、花生油、菜油等，除煤油進自外洋，輸入內地外，均進自內地，輸出外洋。五金進口值一九、四一〇、三六七元（減九百六十萬），出口二〇、九八七、一四一元（減九十七萬），此項包括德、英、美、比之鐵、銅，加拿大之鉛，均銷入內地，錫則大部來自中國，銷至外洋。顏料進口值四、八九八、七六七元（減五四七萬），出口五、〇四六、二八九元（減八一萬），多來自德、日、英、美，運入內地。肥料進口值六、四五四、六〇〇元（增六六萬），出口六、〇四二、二八五元（減一四〇萬），多來自德、英、日、比、荷，銷入內地。機器進口值一四、六二九、四九二元（減八十萬），出口一七、一二〇、二六二元（增一、一四四萬），多來自英、美、德，丹、比亦有，銷入內地。烟酒進口值八、四九五、一二四元（增四三萬），出口六、九六〇、一五九元（增五五萬），亦來自外洋，運入內地。貿易總值計五七〇、九六八、二四〇元。（以上均半年計。）

我國運港貨物集中出口者最近半年總值一〇七、四二〇、四五三元（減一、二七二萬，）由港出口運入我國者五九、八四五、九四七元（減八、〇九四萬）。我國經港出口以桐油爲最多，半年值二二、七七〇、六九六元，以運銷美國爲最多；次爲茶葉一三、七四〇、三一一元，銷俄國爲多；次爲鑛砂一二、〇一三、一〇五元，銷德國爲多；次爲藥材一〇、九一五、二〇〇元，銷華僑所在地爲多；次爲生絲四〇八七一二八元，銷法、美、印、菲及南洋一帶；次爲猪鬃，二八六九〇八四元，銷美國爲多；次爲牛羊皮，二四四七六六三元，銷英、美、德、法及上海均有。

英國貨物運港者最近半年値二三三五二二一〇元（減三三四萬），內以機器、五金、疋頭、肥料爲多。由港運英値一〇二〇九三九九元（增七十萬）以膠、鞋、衣服爲多。

美國貨物運港者，最近半年値二六九八四三〇一元（減六九〇萬），以機器、五金、烟草、煤油、人參爲多。由港運美三二〇七一二〇四元（增七六一萬）以桐油爲多。

日本貨物運港最近半年値一四六三二七三九元（增三六五萬），以疋頭爲最多，次爲燃料、新聞紙等。由港運日二四二〇二七四元（增七三萬），以顏料、鑛砂、五金爲多。

英人經營出入口者以怡和（俗稱渣甸）、太古二行爲首屈一指，其他中西行家甚多。中國經營海味雜貨者多在文咸東街（Bonham Strand 在皇后道中之西端俗稱南北行街）。

與出入口有關之金融與運輸事業亦頗發達。金融機關除各大銀行外（見第三章第四節）中國銀號亦不少，亦多在南北行街一帶。各銀行除匯兌外以吸收存款爲主要業務，自中日戰事起後，聞華人存款在香港各銀行者，總數達七萬萬元之鉅。

運輸公司以中華報關運輸有限公司（干諾道西二〇號A二樓）及中華運輸公司（皇后道中十六號五樓，）規模較大，中國旅行社運輸部亦代營運輸，此外干諾道德輔道一帶運輸公司甚多。

二、工業

香港工業首推船廠，最大者在九龍紅磡，稱黃埔船塢，(Hongkong and Whampoa Dock Co, Ltd,)可容三萬噸之巨輪，最大郵船皆可入塢修理，並有旱塢能造萬噸以上之海輪。次為太古船塢('Taikoo Dockyard and Engineering Co. of Hongkong Ltd.)規模亦大。最近曾代藍烟通公司造萬噸輪一艘，創本港船業新紀錄。兩船塢工人以萬計。他如公用事業之自來水電燈等廠，規模均不小。水塘以九龍大帽山麓者為最大，可容三四十萬萬加倫之水，次為香港大潭篤水塘，亦容二十萬萬加倫以上，此外尚有較小水塘數處，但以雨季雨量多少不一，一過雨季即難有加，故港九冬季時鬧水荒，近政府又有再築一大水塘之計劃。中華電力有限公司資本一千萬元，電力甚足，且以高壓線通至新界各地，除電燈外可供工廠電力，惟取費不及上海之廉。

一般工廠以織造業爲最發達，共計三百餘家，內規模較大者約二十餘家，出品以線襪、毛巾、頸巾、手帕、背心、內衣、汗衫、土布等爲多。次爲膠鞋業，大規模者四間，出品有運動鞋，雨鞋，防毒面具等。次爲捲烟業，以南洋煙草公司規模最大。次爲電筒業，大小工廠數十家，出品有電泡、電炬、電筒等。次爲爆竹業，以廣萬隆爲最大。次爲罐頭業，規模大者四五家。次爲製帽業，約七八間。

此外如太古糖廠、安樂園餅乾廠、廣生行化裝品製造廠、商務、中華、大東、永發印刷廠、中國線轆廠、香港啤酒廠、青州水坭廠等，皆有相當規模。工場式之工業則有燒磚、鍊煤、染布、糖果、餅乾、製梘、蚊香、玻璃、機器、時鐘、印鐵、製銅、鋼窗、製革、印刷、墨汁、樟木箱、鉛筆、牙簽、製麵、籐器等。資本多則數百萬，少至一二千金，統計華人工業投資不下數千萬元。

三、漁農

香港本為漁村，漁業有悠久歷史。現在漁舟大都以香港仔、筲箕灣、大埔、長洲、大澳等處為停泊處。大號魚船分花尾、罾船、大拖，船長七丈，網長十餘丈，每船約十餘人，出海以對，即二船拖網取魚，行程常數百里，花尾大拖得魚後隨用鹽醃。罾船多售鮮魚，携冰出海以備冷藏，多朝出晚歸，或用鮮艇駁運回岸應市。

中號漁船分中船、琶艇、蝦笱、鮮拖，船長四五丈，網長七八丈，每船約十餘人，亦出海以對，鹹鮮並售。又有吊艇較大，每船可容四五十八，達海時分乘舢板四艘，以餌釣魚，載滿則還置舟中，以冰藏或用鹽醃。小號漁船分罟仔、釣魚艇、蝦札仔等，船長約二三丈，每船約四五八。雙桅仔船長三丈，為小型之吊艇，有舢板一只。大沙艇專釣沙魚，取其翅晒乾後即供筵席用之魚翅。以前香港所產魚翅甚多，世界魚翅市價由本港決定，近自日本台灣等處進口者頗多。

魚貨買賣屬於魚欄，分鮮欄、鹹欄二行。鮮欄在中環街市，約十餘字號，買賣取佣百分之六。鹹欄又分大欄、小欄二種，大欄資本由萬餘兩至數十萬兩，交易仍以銀兩為本位，多設於西營盤梅芳街一帶，共十一家，買魚扣佣百分之六，賣魚扣佣百分之一或二，船戶常向大欄作信用借款，得魚還帳。小欄又名標家，資本由千元至萬元，多設在西營盤鹹魚欄一帶，約數十家，先向大欄買魚重行醃製然後門沽。又有一種所謂躉家，專向漁戶買魚醃製，然後賣於大欄，多設在近漁港區域。又有辦莊向大欄買魚，運赴廣州、佛山、陳村、江門、靑州、梧州各地銷售。西貢、山打根、汕頭各埠漁人得魚，則多先售於本港。全港魚業交易每年約有一千五百萬元左右，香港仔且有中國僑港漁民協會及漁童學校。

香港乳業以香港保安牛奶公司（Hongkong Dairy Farm 俗稱牛奶房）規模最大，牧場在薄扶林之西，計佔地三百餘英畝。該公司除供牛奶外，兼營冷藏及售雪糕、冷飲品、鮮果等。種植及畜牧事業在新界頗為發達，惜土地磽瘠，山坡太多，僅山谷中平地可種稻，每年收穫二次，其他如花生、甘蔗、甜橙、香蕉、荔枝、波羅等均有出產，但均產量不多。政府在上水設有試驗場，中西人士且組織新界農業會，努力提倡與改良。私家園圃較大者，大埔有康樂園、華樂園，上水有東英學圃、粟園、藝園、生生養雞場等。元朗、青山等處亦有多處。政府在港九諸山均禁止燒山，提倡造林，進步雖緩，荒山已少矣。

第八章　文化機關

香港本係一商埠，文化水準不高，但自中日事變以來，廣州及內地文化機關遷港者不少。茲將香港各文化機關以次述之如左：

一、學校

香港本有半官式大學一所，稱香港大學，校址在般含道薄扶林道一帶。校長雖由港督兼任，但並非香港政府所辦而係公立性質。就經費來源而論，大致三分一來自學費，三分一來自香港政府補助，三分一來自私人所捐基金，其中一部分爲中英庚款所撥付。校中實權操於副校長，內容以醫工二科爲佳。

廣州失陷後，嶺南、廣州、國民三大學，先後遷港。

中小學分政府立、教會立、私人或團體立三種。英制中小學打通，以第二班爲最高，第八班爲最低，學生年齡自八九歲至十八九歲不等。政府所立有英皇書院皇仁中學等均以英文爲主，漢文中學、漢文師範等則以中文爲主。教會立者以基督教派所辦之聖士提反（St. Stephen's College）規模爲大，男校在赤柱，佔地數十畝，女校亦在般含道。次爲天主教在港方所設華仁、聖方濟、聖若瑟等，在九龍有聖馬利（女）喇沙（男）二校。九龍方面基督教派所辦以拔萃男女二校（英名 Diocesan）爲著。私立者有西南、梅芳、華僑、九龍、仿林、德明、養中、民範等。中日戰事後，自廣州遷來者有教會辦之培英、培道、培正、眞光、華英等校，私立南武、知用、知行等校。廣州私立嶺南、廣州國民各大學之附中亦先後遷港。香港之堅道及九龍之大埔道一帶，學校林立，可稱爲文化街。此外私塾性質之學校不少，政府派員視察，對衞生設備較爲注意，關於課程及教法內容不甚干涉。

職業學校以天主教在香港仔所辦兒童工藝院爲最完備，有裁縫、製鞋、木工、機器及汽車修理等部。惟名額有限，入學不易。

各醫院大都附設有護士學校，以瑪麗醫院所設者程度爲高，須高中畢業，擅長英語。經考試入學後，卽有津貼，如無保證人須繳保證金（俗稱按櫃）二百元，如中途退學卽被沒收。

啟德機場內設有遠東航空學校，中西青年均可入學，惟學費甚昂。

二、圖書館

香港政府所辦之公共圖書館在滙豐銀行左側，規模不大，惟本埠英文報紙俱備，公開閱覽。香港大學之馮平山圖書館專藏中文書報，亦公開閱覽。通俗性質之圖書館則有華商總會在干諾道中六十四號會所中所辦者，不必經會員介紹，可以入覽。此外尚有學海書樓在般含道十八號，專藏古籍及中文普通書，亦可入內閱覽。

三、各教教堂

香港信教自由，各教教堂均有，尤以耶教者為多。基督教各派教堂在港方者有聖約翰堂（在花園道）、合一堂（在般含道東頭）、禮賢會（在般含道西頭）、救恩堂（在西邊街，用客家語講道）、山頂禮拜堂、循道會（在灣仔軒鯉詩道）等，天主教有教堂在堅道東頭。九龍方面有諸聖堂（旺角洗衣街）、神召會（旺角彌敦道）、浸信會（九龍城）等，均屬新教各派。俄國希臘教會禮拜堂則在佐頓道。

耶教以外者有猶太教堂（在羅便臣道）回教淸眞寺（在堅道南舍利街）婆羅門教堂（在堅道，俗稱摩囉廟）等。佛教寺院多在新界，如青山禪院沙田西林寺等，港方則以跑馬地山光道之東蓮覺苑爲著。

香港舊文人及紳商人士有孔聖會及聖教會之組織。聖教總會在皇后道東七十六號，孔聖會在荷李活道二二〇號，九龍亦有會所。另在加路連山道建有大會堂，稱孔聖堂。

四、青年會

基督教青年會在香港有男女二會所：男會在必列啫士街（Bridges St. 俗稱百步梯，）女會在般含道。九龍支會在窩打老道東方街口。會所除供會員娛樂運動及閱覽書報外，對於社會福利事業，提倡甚力。

西人青年會在九龍尖沙咀，建築宏偉，時有演講會。

五、報紙

香港中西報紙甚多。英文者有 South China Morning Post（南華早報）及 H. K.

Daily Press（孖剌西報）均每早出版，Hongkong Telegraph（士蔑西報）及China Mail（德臣西報）有午版及晚版，Sunday Herald（禮拜西報）則每星期日出版。

中文報紙以循環、華字歷史最久，次若華僑、工商資格亦老，餘如東方、珠江、大衆、國民、國華、越華等均開辦不久，而自中日事變後遷來者有立報、大公、申報等。（申報近已停刊）最近開辦有自建館址者，則有星島日出晨報、日報、晚報三種。（工商亦有晨報、日報、晚報三種，但晨報名天光。）專出晚報者有中國、星報、現象等。此外如探海燈、先聲、人生、果然、天演、天文台、先導、石山、自然等多屬小報性質。各大報如循環、工商、華僑、華字等篇幅較多，每份售價五仙，大公售價三仙，其他則多售一仙。

在香港辦報或雜誌，以前只須找一般實商家作保便可，近來則須三千元現款作保證金，故不易創辦。

六、書店

各大書店均在皇后道中，已於第三章第四節中述及。其他小書店在香港多在荷李活道及灣仔，在九龍多在彌敦道及上海街。

附錄一　港九交通線

甲、香港公共汽車路線時間及價目（中華汽車有限公司）

一號　統一碼頭—干諾道—美利道—皇后道東—軒鯉詩道—勳寧道—灣仔道—摩理臣山道—黃泥涌道—跑馬地。

上午五時至下午十一時十二分由跑馬地開，上午六時至下午十一時二十分由統一碼頭開，每十分鐘一次。頭等一毫，二等五仙。小童坐頭等收半價，下同。

二號　統一碼頭—干諾道—美利道—皇后道東—軒鯉詩道—銅鑼灣道—英皇道—太古船澳。

上午五時五十五分至下午十時〇五分由太古船澳開，上午十時至下午十時由統一碼頭開，每十分鐘一次。（游泳時季正午至下午八時每五分鐘一次）頭等一毫，二等五仙。

三號　統一碼頭－干諾道－必打街－德輔道－花園道－堅道－般含道－大學堂。上午七時十七分至下午十時〇二分每五分鐘一次，下午十時〇二分至十一時五十二分每十分鐘一次，由統一碼頭開；　上午七時三十四分至下午十時十九分，每五分鐘一次下午十時十九分時十二時〇九分，每十分鐘一次由大學堂開。　頭等一毫（無二等。）（星期日及假日上午十時前均十分鐘一次）

三號A　統一碼頭－大學堂（同前）－薄扶林道－摩星嶺道－摩星嶺。上午七時半起由統一碼頭開；　上午八時由摩星嶺開，約一小時一次。　全程頭等二毫，統一碼頭至大學堂，大學堂至摩星嶺各一毫。

四號　統一碼頭－干諾道－必打街－皇后道中－皇后道西－薄扶林道－瑪麗醫院。上午七時〇七分至下午十時〇七分由統一碼頭開；　上午七時二十七分至下午十時二十七分由瑪麗醫院開，每十分鐘一次。　全程頭等一毫半，二等一毫，統一碼頭至大學堂，七號差館至瑪麗醫院頭等一毫，二等五仙。

五號　堅尼地城—卑路乍街—皇后道西—皇后道中—皇后道東—噏道—摩理臣山道—禮頓山道—加路連道—大坑—銅鑼灣道。

上午五時半至下午十二時由大坑開；　上午六時至下午十二時十五分由堅尼地城開，每五分鐘一次。　頭等一毫，二等五仙。

五號A　堅尼地城—禮頓山道（同前）—黃泥涌道—跑馬地。

上午六時三十二分至七時三十二分，每十分鐘一次，上午七時三十二分至下午九時〇七分，每五分鐘一次，下午九時〇七分至十一時五十七分，每十分鐘一次，由跑馬地開；　上午七時〇二分至八時〇二分，每十分鐘一次，上午八時〇二分至下午九時三十七分，每五分鐘一次，下午九時三十七分至十一時三十七分，每十分鐘一次，由堅尼地城開。　頭等一毫，二等五仙。

六號　統一碼頭—必打街—皇后道東—史塔士道—淺水灣道—香島道—赤柱。

上午六時半至下午五時半，每半點鐘一次，下午五時半至十時半，每點鐘一次由統一碼頭開； 上午七時一刻至下午六時一刻，每半點鐘一次，下午六時一刻至下午十一時一刻，每點鐘一次，由亦柱開； 全程頭等三毫半，二等二毫半；統一碼頭至淺水灣或黃泥涌凹至赤柱頭等二毫半，二等毫半；統一碼頭至黃泥涌凹或黃泥涌凹至淺水灣，頭等二毫，二等毫半；淺水灣至赤柱，頭等毫半，二等一毫；統一碼頭至嶺南分校，頭二等均一毫。

六號A 統一碼頭—淺水灣（同前。）

正午十二時至下午八時由統一碼頭開； 下午十三時半至八時半由淺水灣開，每點鐘一次，（星期日及假日由上午十時及十時半起每半點鐘一次） 價目同前，但無二等。

七號 統一碼頭—干諾道中—干諾道西—東邊街—皇后大道西—薄扶林道—香島道—香港仔。

上午五時半至七時半，每二十分鐘一次，七時半至九時一刻，每一刻鐘一次，九時一刻至下午五時一刻，每十二分鐘一次，五時一刻至八時，每二刻鐘一次，八時至九時四十分每二十分鐘一次，由香港仔開；　上午六時至八時，每二十分鐘一次，八時至九時三刻，每一刻鐘一次，九時三刻至下午五時三刻，每十二分鐘一次，五時三刻至八時半，每一刻鐘一次，八時半至十時十分，每二十分鐘一次，由統一碼頭開；　全程頭等二毫二等毫半；統一碼頭至雞籠環，大學堂至香港仔，價同；香港仔至牛奶公司，大學堂至雞籠環，統一碼頭至瑪麗醫院均頭等毫半二等一毫；統一碼頭至大學堂，大學堂至瑪麗醫院，瑪麗醫院至雞籠環，頭二等均一毫。

七號A　香港仔—香島道—淺水灣—赤柱。

上午七時，八時一刻至下午七時一刻，每點鐘一次由香港仔開；　上午七時半，八時三刻至下午七時三刻，每點鐘一次，由赤柱開。　全程頭等二毫二等一毫，壽臣村道至赤柱，頭等毫半二等一毫，香港仔至淺水灣，頭等一毫二等五仙。

乙、香港大酒店汽車路線時間及價目

路線　由必打街香港大酒店—淺水灣（同六號。）

星期一至五上午七點三刻九點三刻十一點一刻十二點三刻二點半三點四點一刻五點五點半六點六點三十五分七點半九點半十一點三十五分，星期六上午同，下午十二點半一點一刻二點至六點每半點鐘一次餘同上；星期日上午七點三刻，九點十點半十一點半下午十二點半二點至六點三十五分同星期六七點十一點三十五分由大酒店開；　星期一至五上午八點二十分，八點四十分九點十點一刻十一點三刻下午二點三點四點五點半六點七點七點半八點半十二點，星期六上午同下午六點至七點半每半點鐘一次，餘同上；星期日七點半九點一刻十點半十二點餘同星期六，由淺水灣開。　全程四毫，小孩二毫，來回七毫半，小孩三毫半。

丙、山頂纜車路線時間及價目

路線　花園道—堅尼地道—寶雲道—梅道—白加道—山頂。

上午六時至八時，每刻鐘一次，八時至下午八時半，每十分鐘一次，（除上午十一時至十一時半及下午四時至四時半之間僅一次在十一時及四時一刻開，）下午八時半至十二時一刻每刻鐘一次兩頭同時開。 全程頭等三毫，花園道至梅道二毫，至堅尼地道一毫，二等均一毫。星期日假日來回頭等四毫。

丁、香港電車路線時間及價目

子，銅鑼灣－軒鯉詩道－灣仔道－莊士敦道－皇后道東－德輔道中－德輔道西－屈地街口。

上午六時〇一分至下午十一時五十六分由銅鑼灣開； 上午六時三十一分至下午十二時三十一分由屈地街口開，每五分鐘一次。（特加早班上午六時〇六分，十一分，二十三分及三十八分由屈地街口開四次） 頭等六仙，三等三仙。

丑，銅鑼灣－屈地街口（同上）－堅尼地城。

上午五時五十八分至下午十一時五十八分由銅鑼灣開， 上午六時三十三分至下午十二時三十三分由堅尼地城開，每五分鐘一次。（特加開早班上午六時十八分由堅尼地城開） 價同上。

寅， 愉園（跑馬地）—摩理臣山道—灣仔道—屈地街口（同上）

上午五時五十七分至下午十一時二十七分由愉園開； 上午六時二十七分至下午十一時四十二分由屈地街口開，每五分鐘一次。（特加早班由愉園上午五時三十七分，六時〇二分（上環街市止，）五時四十七分（屈地街）三次，上午六時十七分由屈地街口至愉園一次。） 價同上。

卯， 愉園（跑馬地）—堅尼地城（同上。）

上午六時至下午十一時半由愉園開， 上午六時三十五分至下午十一時半由堅尼地城開，每五分鐘一次。（特加早班上午五時五十分由愉園開，上午六時二十五分由堅尼地城開。） 價同上。

辰， 上環街市—德輔道中—（同上）—銅鑼灣—英皇道—筲箕灣。

上午五時五十八分至下午十一時二十六分由上環街市至筲箕灣； 上午六時十

八分至下午十一時〇六分由筲箕灣至上環街市，每四分鐘一次。頭等一毫，三等五仙。

已，

銅鑼灣—英皇道—筲箕灣。

上午五時五十八分至下午十一時四十六分由銅鑼灣開，每四分鐘一次，又下午十二時〇六分由筲箕灣開，（特加早班上午五時四十分，五十二分，五十六分及六時〇四分由銅鑼灣至西灣河計四次）頭等一毫，三等五仙。

戊、九龍及新界公共汽車路線時間及價目（九龍汽車有限公司）

一號

尖沙咀—梳利士巴利道—彌敦道—荔枝角道（深水埗）。

上午五時四十七分至八時十二分（十分鐘一次）上午八時十二分至午夜十二時二十七分（五分鐘一次）夜十二時二十七分至一時十二分（七分半鐘一次，）夜一時十二分至一時四十二分（十五分鐘一次）自尖沙咀開； 上午五時四十七分至七時四十七分（十分鐘一次，）上午七時四十七分至午夜十二時〇七分（五分鐘一次，）夜十二時〇七分至五十二分（七分半鐘一次，）夜十二時五十二分至一時二十二分（十五分鐘一次）自深水埗開。全程頭等毫半，二等一毫，尖沙咀至亞皆老街口，或北海街口至深水埗各頭等一毫，二等五仙。

二號

尖沙咀—梳利士巴利道—彌敦道—大埔道—青山道（荔枝角）

上午五時四十六分至午夜十二時十六分（十分鐘一次，）夜十二時十六分至十二時三十一分（十五分鐘一次）自尖沙咀開；上午五時四十四分至午夜十一時四十四分（十分鐘一次，）夜十一時四十四分至十一時五十九分（十五分鐘一次）自荔枝角開。全程及分段價目同上。

二號A

尖沙咀—大埔道—欽州街。

上午八時二十一分至九時三十一分，下午十二時三十一分至二時三十一分，四時三十一分至七時三十一分自尖沙咀開；上午七時五十八分至九時〇八分，下午十二時四十八分至二時〇八分，四時四十八分至七時〇八分自欽州街口開，均

三號　每十分鐘一次（星期日及假日不開）　價目同上。

尖沙咀—梳利士巴利道—漆咸道—蕪湖街—大沽街—馬頭圍道—譚公道—太子道—九龍城—西貢道—牛池灣。

上午五時四十六分至午夜十二時二十六分（十分鐘一次，至一時十一分（十五分鐘一次）自尖沙咀開；　上午五時二十一分至午夜十二時十六分（十分鐘一次，）夜十二時十六分至四十六分（十五分鐘一次，）自牛池灣開。　全程頭等毫半二等一毫，尖沙咀至柯士甸道口或牛池灣至馬頭角頭等一毫，二等五仙。

三號A　尖沙咀—九龍城（同上）

上午七時五十一分至下午七時三十一分自尖沙咀開；　上午七時三十一分下午七時十一分，自九龍城開，　均每十分鐘一次。　全程及分段價目同上。

五號　尖沙咀—梳利士巴利道—彌敦道—加拿分道—金巴利道—柯士甸道—居士道

—佐頓道（紀念碑。）

上午七時三十二分至九時二十七分，下午十二時二十七分至二時二十七分，下午四時五十七分至六時四十七分，每五分鐘一次，餘每十分鐘一次至下午九時二十七分止自尖沙咀開； 上午七時三十八分至九時二十八分，下午十二時二十八分至二時二十八分，四時五十八分至七時〇八分，每五分鐘一次，餘每十分鐘一次至下午九時二十八分止自紀念碑開。（星期日及假日均每十分鐘一次。） 頭等一毫，二等五仙。

六號 尖沙咀—梳利士巴利道—彌敦道—太子道—西貢道（九龍城。）

上午五時四十七分至七時五十七分（十分鐘一次，）七時五十七分至午夜十二時二十七分（五分鐘一次，）夜十二時二十七分至一時十二分（七分半鐘一次，）夜一時十二分至四十二分（十五分鐘一次，自尖沙咀開； 上午五時二十三分至七時四十三分（十分鐘一次，）七時四十三分至午夜十二時〇三分（五分鐘一次，）夜十二時〇三分至四十八分（七分半鐘一次，）夜十二時四十八分至一時十八分（十五分鐘一次，）自九龍城開。 全程頭等毫半，二等一毫，尖沙咀至亞皆老街口或北海街口至九龍城頭等一毫，二等五仙。

七號

尖沙咀—梳利士巴利道—彌敦道—窩打老道—九龍塘。

上午六時〇二分至午夜十二時十二分（十分鐘一次，）夜十二時十二分至一時十二分（十五分鐘一次，）自尖沙咀開； 上午六時至夜十一時五十分（十分鐘一次，）夜十一時五十分至十二時五十分（十五分鐘一次，）自九龍塘開。 全程頭等一毫半，二等一毫，尖沙咀至何文田，何文田至九龍塘各頭等一毫，二等五仙。

八號

尖沙咀—梳利士巴利道—彌敦道—亞皆老街—窩打老道—律倫道—金巴倫道（九龍塘）

上午六時〇九分至午夜十二時〇七分（十分鐘一次，）夜十二時〇七分至一時〇七分（十五分鐘一次，）自尖沙咀開；上午六時〇八分至午夜十一時四十八分

（十分鐘一次）夜十一時四十八分至十二時四十八分（十五分鐘一次），自九龍塘開。全程同上尖沙咀至洗衣街口，洗衣街口至九龍塘各頭等一毫，二等五仙。

九號 佐頓道碼頭－彌敦道－大埔道－青山道－元朗。

上午五時十八分至下午八時自佐敦道碼頭開；　上午五時三十六分至下午八時十八分自元朗開，每十八分鐘一次。　全程頭等五毫半，二等（減一毫下同）佐敦道至荃灣頭等二毫半，二等二毫至汀九三毫（頭等下同）至青龍頭三毫半，至大欖涌四毫，至青山四毫半，至平山五毫，荃灣至上列各地各減一毫半，汀九減二毫，青龍頭減二毫半，大欖涌減三毫，青山至平山毫半，至元朗二毫，平山至元朗毫半。

十號 佐頓道碼頭－上海街－太子道－西貢道－牛池灣。

上午六時二十九分至午夜一時〇五分自佐敦道碼頭開；　上午六時〇五分至午夜十二時四十一分自牛池灣開，每十二分鐘一次。　全程頭等毫半，二等一毫，牛池灣至北河街口或佐頓道碼頭至亞皆老街口，頭等一毫，二等五仙。

十一號　九龍城—西貢道—太子道—馬頭圍道—大沽街—蕪湖街—漆咸道—加士居道—佐頓道—上海街—荔枝角道—欽州街—青山道（荔枝角。）

上午六時〇一分至午夜一時〇一分自九龍城開，同時自荔枝角開。　全程頭等毫半，二等一毫，

十三號　佐頓道碼頭—彌敦道—太子道—西貢道—牛池灣。

上午六時二十三分至午夜十二時二十三分（十二分鐘一次，）午夜十二時二十三分至三十七分（十四分鐘一次，）自佐頓道碼頭開；　上午五時五十九分至午夜十一時五十九分（十二分鐘一次，）午夜十一時十九分至十二時十三分（十四分鐘一次，）自牛池灣開。　全程頭等毫半，二等一毫，佐頓道碼頭至亞皆老街口，牛池灣至北海街口，頭等一毫，二等五仙。

十五路　元朗—錦田，

上午六時五十分至下午五時五十分自元朗開，　上午七時〇五分至下午六時〇

五分自錦田開，均每半點鐘一次。全程五仙（不分等。）

十七路　元朗—凹頭—米埔—洲頭—松柏朗—上水，（粉嶺。）

上午六時四十分、七時半、八時〇五分、八時五十五分、九時半、十時一刻、十一時、十一時五十分，下午十二時二十分、一時〇七分、一時四十分、二時半、三時、三時五十分、四時三十五分、五時十分。六時十分自元朗開；　上午七時二十分、八時十分、八時五十分九時三十六分、十時十分、十時五十五分、十一時四十分、下午十二時半、一時〇二分、二時二十分、三時十分、三時四十分、四時半、五時二十分、六時一刻、六時五十一分自上水開。　全程二毫半，每站五仙（不分等。）

十八路　粉嶺—龍骨頭—拱嶺—麻雀嶺—沙頭角。

上午六時十分、七時、七時二十五分、八時十分、九時、九時四十分、十時一刻、十時三刻、十一時三刻、下午十二時三十五分、一時〇五分、一時三刻、二時一刻、二時三刻、三時三十五分、四時一刻、四時三刻、五時二十分、六時一刻自粉嶺開；　上午六時三刻、七時三十五分、八時一刻、九時、九時三十五分、十時、十分、十一時五十五分、下午十二時半、一時十二分、一時三十七分、二時十四分、三時、三時半、四時一刻、四時三刻、五時十七分、六時十七分、六時三刻自沙頭角開。全程二毫每站五仙（不分等。）

己、過海輪渡路線時間及價目

子　天星小輪公司　香港雪廠街口－九龍尖沙咀

上午五時二十分至午夜十二時一刻，每十分鐘一次（星期日改五時二十分至午夜十二時）上午八時〇五分至十時〇五分下午十二時至二時四十分，四時三十分至七時（星期六改二時至二時半）及七時〇五分至八時，每五分鐘一次，夜十二時一刻至一時一刻，每十五分鐘一次自九龍開。　上午五時三十五分至午夜十二時一刻，每十分鐘一次（星期日改五時三十五分至午夜十二時〇五分，）上午八時一刻至十時，下午十二時二十五分至二時三十五分，四時三十五分至六時五十五分，（星期六改一時半至二時十五分，）七時至八時〇五分，每五分鐘一次，夜十二時一刻至一時半，每十五分開一次，自香港開。　頭等一毫，二等四仙，小童減半。（乘二等者必須自備銅仙，與以鎳幣，多不找續。

丑　油蔴地小輪公司　香港統一碼頭—佐頓道碼頭（可載汽車。）

上午六時五十四分至午夜十二時，每十二分鐘一次，上午五時至六時四十分又午夜十二時至二時，每二十分開一次，自香港開；　上午六時三十六分至午夜十二時，每十二分開一次，上午五時至六時二十分又午夜十二時至二時，每二十分開一次，自佐敦道口開。　頭等一毫，小童減半，二等三仙。　汽車一噸以內六毫，二噸以內九毫，以後每噸加六毫，乘客每位五仙。

寅　香港統一碼頭—旺角山東街口。

上午七時至下午九時，每十二分開一次，下午九時至十二時，每十五分開一次，上午五時半至七時又午夜十二時至二時，每二十分開一次，自香港開；同時自旺角開。　頭等一毫，小童減半，二等三仙。

卯

香港統一碼頭－深水埗北河街口。

上午七時至九時、下午四時至六時每十二分開一次，上午六時半至七時、九時至下午四時、六時至午夜十二時一刻每十五分開一次，上午五時半至六時半、午夜十二時一刻至二時、每半點開一次，自香港開； 上午七時至九時、下午四時至六時、每十二分開一次，上午六時至七時，九時至下午四時，六時至午夜十二時，每十五分開一次，上午五時至六時，午夜十二時至一時半，每半點鐘一次，自深水埗開。 價目同上。

辰

香港統一碼頭－九龍城。

上午五時半至七時，每半點鐘一次，上午七時至下午十時，每二十分鐘一次，自香港開，同時自九龍城開。 頭等一毫，小童減半，二等五仙。

巳

香港統一碼頭－九龍紅磡。

上午六時半起每二十分鐘一次，九時一刻起每半點鐘一次，至下午四時起每十分鐘一次，五時五十分起每二十五分鐘一次，至九時一刻止。 價目同上。

午　香港西灣河碼頭—九龍紅磡。

上午六時〇五分起自紅磡開，六時三十五分起自西灣河開，每點鐘一次，至晚九時止。

價目同上。

庚、香港至新界及各島小輪路線時間及價目

子　香港西環碼頭—長洲。

上午五時半、八時一刻、十二時、下午四時半自長洲開；上午七時、十時、下午二時、六時自香港開。　頭等三毫半，小童二毫，二等二毫，小童一毫。

丑，　香港西環碼頭—汲水門—青山—東涌—大澳。

上午九時半自香港開；下午三時自大澳開。　全程頭等五毫，二等三毫，小童減半，香港至汲水門或青山頭等二毫半，小童毫半，二等二毫（汲水門毫半），小孩一毫，香港至東涌，頭等四毫，二等三毫，小童減半。

寅　香港西環碼頭—荃灣。

上午七時一刻、十時半、下午一時一刻、三時三刻、六時一刻自香港開；上午六時、八時半、十一時三刻、下午二時半、五時自荃灣開。　頭等毫半，小童一毫，二等毫二，小童六仙。

卯　香港－銀礦灣－坪洲。

上午七時、十一時一刻、（均自西環碼頭）十一時半（自統一碼頭）下午三時（自西環）開，（星期日及例假日上午七時、九時三刻自西環碼頭，十時自統一碼頭，下午一時三刻自西環碼頭，二時自統一碼頭開。）上午八時一刻，下午十二時三刻（星期日及例假日改十一時一刻。）下午五時自銀礦灣開，上午八時三刻，下午一時一刻（星期日及例假日改上午十一時三刻，）下午四時（星期日等改三時）自坪洲開。香港至銀礦灣三毫半，小童二毫，坪洲至香港，或銀礦灣三毫，小童一毫半（不分等。）

辛、九龍尖沙咀至新界火車路線時間及價目

子，尖沙咀－油蔴地（旺角）－沙田－大埔－大埔墟－粉嶺－上水－深圳……廣州。

上午六時二十五分、八時四十分、十時、十二時、下午一時半、四時、五時半、八時五十五分

自尖沙咀開，上午七時〇七分、七時五十八分、十時〇五分、十一時三十九分、下午二時三十五分、四時〇三分、五時三十四分、六時三刻自深圳開。又星期六一時〇八分，星期日及假日八時二十五、九時一刻加開有軌汽車自尖沙咀直達上水，星期二星期日及假日下午四時四十七分自上水直達尖沙咀。

全程頭等一元九毫半，二等一元三毫，三等六毫半（有軌車僅設頭等。）尖沙咀至油蔴地二毫毫半、五仙，至沙田六毫半、四毫、二毫，至大埔一元一毫半、七毫半、三毫半，大埔墟一元三毫、八毫半、四毫，粉嶺一元六毫半、一元一、五毫，上水一元七毫半、一元一毫半、五毫半。（來回票作一次半算）

丑

大埔墟—三十七號橋—粉嶺旗站—粉嶺。

上午七時二十九分、九時五十分、十一時二十分。下午一時十七分、二時五十八分、五時、六時二十五分自大埔墟開，上午六時五十分、九時、十時五十五分、下午十二時五十分、二時十九分、三時半、五時半自粉嶺開。　全程三等一毫。

附錄二　香港至各埠價目表

甲、香港至上海

子　昌興　頭等美金五十四元（來回九十七元），二等日本皇后及加拿大皇后美金三十五元（來回六十三元），亞洲皇后及俄國皇后美金二十九元（來回五十二元）（如一次乘日本或加拿大一次乘亞洲或俄國則來回五十七元半），三等美金十二元（日本及加拿大）及十一元（亞洲及俄國），四等均美金八元（均無來回票）。十二歲以下半票，四歲以下一人免費，每加一人買四份之一票。

丑　美郵　同上（柯立芝總統同日本皇后，餘同亞洲皇后）。

寅　法郵　頭等八鎊，二等五鎊半，三等三鎊，四等一鎊半（無來回票）。十二歲以下半票，三歲以下一人免費，每加一人買四份之一票。

卯　意輪　頭等九鎊（來回十二鎊），二等六鎊（八鎊），三等四鎊（六鎊）（如坐康悌卑克，孟議單程三鎊，無來回票，）四等供膳一鎊半，不供膳一鎊五先令（康悌卑克，孟議有舖無膳一鎊半。）十二歲以下等同上。

辰　大英　頭等九鎊（十六鎊，）二等五鎊半（十鎊）無三四等，亦無來回票，十二歲以下同上。

巳　藍烟通　頭等同上，無二三四等，亦無來回票。十二歲以下同上。

午　北德　頭等九鎊（十三鎊半，）二等六鎊（九鎊，）無三四等，亦無來回票。十二歲以下等同上。

未　渣華　頭等港開滬港洋一百一十元，滬開港國幣二百元（芝沙力沙恪亞則一百九十元）二等港洋五十元，或國幣一百一十元，三等港洋四十元。或國幣七十五元，四等港洋二十元或國幣四十五元，均無來回票。十二歲以下等同上。

申　荷蘭　頭等十鎊半，二等四鎊，四等有吊鋪二鎊，無鋪一鎊十五先令，均無來回票。十二歲以下等同上。

酉　太古　渣甸　怡和等　大餐間港洋八十元，官艙港洋四十一元，房艙港洋三十一元，吊鋪港洋二十六元，統艙港洋十二元半。

（附註：）自歐戰以來，外洋輪船均已加價三分之一。

乙、香港至海防

子　太古　大餐間九二元二五（來回一六二元，）官艙三五元，房艙二八元，吊舖二四元，統艙一一元（官艙以下無來回票。）（均港洋計算下同）

丑　渣甸（怡和）　大餐間同上，二餐間七二元二五，官艙三六元二五，房艙及打厘床（職員臥房）二二元，統艙一一元。

寅　法郵　頭等越幣八〇元又港洋一元半（來回一三〇元又港洋三元，）二等越幣六〇元又港洋一元（來回九五元又港洋二元，）三等小廣東越幣三三元又港洋五毫，羅斯越幣四五元又港洋五毫（此船無二等，）統艙小廣東港洋十二元羅斯港洋一〇元二五。（越幣略低於港洋）

卯　飛機（由香港至河內）九鎊

丙、香港至澳門

子　金山、（泰山）等西餐房三元，（來回五元）唐餐房二元，唐餐樓一元二毫，尾樓七毫，大艙三毫。

丑　泉州、（東安西安）等西餐房三元，（來回五元）唐餐房二元，唐餐樓一元，尾樓六毫，大艙三毫。

寅　交通、濠江（天一）等西餐房三元（來回五元，）唐餐房、唐餐樓尾樓大艙同上。

（附註：）現泰山、東安等每日上午八時赴澳下午二時回港，天一、交通、（濠江）等每日下午二時赴澳半夜三時返港；金山、泉州等每日下午五時赴澳，半夜三時返港。

丁、香港至廣州（除佛山外均暫停但佛山船價亦改訂）

子　泰山、佛山　西餐房六元半，唐餐房三元六，唐餐樓二元八，尾樓一元八，大艙九毫。

丑　東安、西安　西餐房五元，唐餐房等同上。

寅　天一、西餐房三元（來回五元，）唐餐房二元四（來回三元六，）唐餐樓一元八，尾樓一元四，大艙七毫。

卯　廣東、廣西　西餐房二元半，唐餐樓一元六，尾樓一元二，大艙六毫。

辰　廣九車　頭等四元（來回七元半，）二等二元，三等一元。

戊、香港至桂林重慶

子　重慶（中航或歐亞）港洋四百元

丑　桂林（中航或歐亞）港洋四百元（現在赴桂林者須購赴重慶客票）

己、香港至菲律濱小呂宋

子　昌興、頭等美金四十五元，二等二十六元，三等十七元半，四等十六元半，

丑　美郵、頭等同上，二等二十九元，三等十八元半，四等同上。

寅　荷蘭、頭等（甲）八鎊（乙）七鎊，三等四鎊十先令，二等四等無。

卯　渣華、頭等港幣一百元，二等七十元，三等五十三元，四等三十七元。

辰　航空、單程美金六十元，來回七十九元。

庚、香港至新加坡

子　太古、頭等港幣一百四十元，四等（舊客）五十元。
丑　大英、頭等十四鎊，二等十鎊，四等（舊客）四十五元。
寅　鴨家、頭等十鎊，二等七鎊，四等同上。
卯　意郵、頭等十四鎊，二等十鎊，經濟二等七鎊，三等四鎊。
辰　渣甸、頭等港幣一百元，二等五十五元，四等同上。
己　法郵、頭等十四鎊，二等十鎊，三等七鎊，四等（舊客）三鎊。
午　美郵、頭等十四鎊。

附錄三　香港旅館銀行等一覽

甲、旅館

名稱	地址	電話	每日房金
大中華酒店	干諾道中一百十九號	二七七五一	二元半至十元
大東酒店	干諾道中一百十二號	二六六二一	三元至十元
大觀酒店	德輔道中九十號	三四一三七	一元二角半至四元五角
六國飯店	告羅士打道六十七至七十七	三〇三八一	三元至八元
中國旅店	干諾道中五十八號	二二六九二	一元二角至一元八
五洲酒店	干諾道中七十六號	二二三七一	一元四角至六元
平安旅店	干諾道西二十號B	二一三六四	一元二角至六元
告羅士打酒店	德輔道中十六號	二八一二八	十元至二十九元

名利棧	干諾道中一百四十號	二一八一〇	一元二角至一元半
共和旅店	干諾道中一百二十四號	二三一七八	一元二角（連食）至三元
東方旅店	干諾道中一百三十七號	二三一一四	一元二角（連食）至二元四角
東方旅店支店	德輔道中二百七十三號	二四九一二	一元二角（連食）至二元四角
東南旅店	干諾道中一百五十四號	二〇三九七	一元二角至二元半
東山酒店	干諾道西三十八號	三〇三〇五	三元至七元
長發棧	干諾道中一百二十九號	二一〇〇九	一元二角（連食）至二元（連食）
亞洲酒店	干諾道一百二十六號	二八一九一	二元半至八元
香港大酒店	必打街皇后大道口	三〇二八一	七元至二十二元
南京旅店	干諾道中八十號	二三三二八	一元二角至二元正
南屏大酒店	德輔道中一百四十三號	二八一〇一	一元二角半至六元
京都酒店	雪廠街廿二號（舊店） 大道中十號（新店）	二四四一三 二四四二五	四元至十二元 六元至廿四元

山光飯店	跑馬地山光道一號	三一一三八	三元半至七元八毫
美洲酒店	德輔道中二百十六號	二三三一四	一元八角至六元
思豪大酒店	遮打道	二六六六四	六元至十六元
皇后酒店	干諾道中一百五十七號	三〇三九一	三元至十二元
泰生旅店	干諾道中六十三號	二二二三〇	一元二角至一元六角
泰安棧	干諾道中七十三號	三三一九一	八角至一元六角
泰來旅店	干諾道中九十七號	二一七四四	八角至一元四角
淺水灣酒店	淺水灣	二七七七五	十一元至六十元
鹿角酒店	皇后大道中一百四十八號	二〇五〇五	一元半至三元
陸海通旅館	干諾道中一百五十號	二一九九五	二元至四元八角
粵東旅店	干諾道中一百五十一號	二四五六二	一元二角（連食）至二元（連食）
粵南旅店	干諾道中一百三十四號	二四二四九	一元至一元四角

粵華棧	干諾道中一百十七號	二三〇三四	一元二角至二元
勝斯酒店	皇后大道中十三號	二六六三四	四元至十五元
祺生旅店	干諾道中六十八號	二一八四四	八角至一元四角
祺發旅店	干諾道中一百三十一號	二一九二一	一元至三元
新亞酒店	德輔道中二百〇六號	三〇三五一	二元半至七元
新國民旅店	干諾道中一百三十八號	二一九三九	一元二角至二元
萬安棧	干諾道中九十二號	二〇二六六	一元二角至二元
萬芳樓	干諾道中一百四十二號	二一八九五	一元至二元
萬國旅店	干諾道中一百五十八號	二六〇二三	一元至一元四角
福利源	干諾道中一百十六號	二一六〇五	一元二角至二元
錦綸泰	干諾道西八號	二一五六一	一元二角
廣東大旅店	干諾道西二十七號	二四一五三	八角至一元半

廣泰來旅店	干諾道中六十一號A	二一五四八	八角至一元四角
鴻安棧	干諾道中八十一號	二一二八九	一元至二元
環球旅店	干諾道中一百五十七號	二三八九五	一元至二元
九龍大酒店	九龍漢口道	五八〇〇八	七元至十八元
亞洲大旅店	九龍北海街十七號	五七八五八	一元至三元
半島酒店	九龍疏利士巴利道	五八〇八一	十二元至六十元
阿利酒店	彌敦道二十五號	五七三五七	四元至二十四元
和平旅店	彌敦道三百四十三號	五七九六〇	一元至四元
金台大旅店	彌敦道三百五十九號	五一二一六	一元四角至五元
新新酒店	彌敦道三百六十三號	五九一一一	一元三角至四元九角
彌敦大酒店	彌敦道三百七十六號	五六六〇〇	二元至七元

乙、銀行

大英銀行	皇后大道中十五至十九號	二六六三六
大通銀行	皇后大道中十五至十九號	二六六三八
上海商業儲蓄銀行	皇后大道中六號	三一一一六
友邦銀行	皇后大道中十二號友邦人壽保險公司屋宇	三〇二三四
中南銀行	都爹利街四號	三三五六七
中國銀行	皇后大道中四號	二二二七八
中國國貨銀行	德輔道中二十五號	三三二八三
永安銀行	德輔道中二十六號	三一一二一
有利銀行	皇后大道中七號	二八一〇九
交通銀行	雪廠街五號	三四一〇一
安達銀行	德輔道中五號中天行	二七三五五
金城銀行	德輔道中八號	二三三七〇

東亞銀行	德輔道中十號	二七七四六
法國東方匯理銀行	皇后大道中五號	二二五六九
美國運通銀行	德輔道中四號	三一二三六
香港上海匯豐銀行	皇后大道中一號	三〇二二一
國民商業儲蓄銀行	雪廠街七號	二三八八一
荷蘭銀行	荷蘭行	二〇五七八
華比銀行	德輔道中四號A	三四一三一
華僑銀行	皇后大道中十三號	三〇二一六
渣打銀行	皇后大道中三號	三〇三七六
國華銀行	皇后大道中十一號	三三六三八
義品放款銀行	皇后大道中五號法國銀行屋宇五樓	二一〇六三
萬國寶通銀行	皇后大道中二號	三〇三二一

嘉華儲蓄銀行	永東道二十四號	二三二三三
福建省銀行	遮打道太子行二樓	三一五二九
廣西銀行	皇后大道中十號	三〇一一三
廣東省銀行	遮打道五號皇后行	二〇一一三
廣東銀行	德輔道中六號	三一二一五
鹽業銀行	德輔道中二百三十六號	二一一二九
鹽業九龍支行	彌敦道三五三號	五〇六三一

丙、旅行運輸機關

九龍駁運公司	九龍佐敦道四十七號	五九〇八三
三益運輸公司	油蔴地廣東道五八六號	五九五七三
中和運輸公司	雪廠街十八號二樓	三六〇七八
中國旅行社	皇后道中六號	三一一一六

中國旅行社九龍支社	尖沙咀廣九路車站內	五〇六八六
中國聯運社	干諾道中九十六號	三四三五七
中華運輸公司	皇后道中十六號五樓	三〇一九三
旅行顧問社	雪廠街經紀行	三一一八一
歐美旅行社	皇后道中二十號亞細亞行	三二一七五
香港旅行社	皇后道中十一號	三二七八七
香港旅行社九龍辦事處	九龍倉碼頭入口處	五〇五五五
美國運通銀行遊客部	德輔道中四號	二一二三六
國際運輸公司	德輔道中二十六號三樓	三二七七五
華僑旅運社	利源東街二十八號	二二六三七
通濟隆遊客部	干諾道中五號	二〇五二四

丁、汽車行

上海的士公司	黃泥涌道三十三號	三三三三三又三三三三四
中央的士公司	德輔道中一八八號	三〇〇〇〇
明星的士公司	怡和街十七號	二三四五六又二六七四八
黃色的士公司	干諾道中一二八號	二一一一一又二〇〇〇〇
金邊的士公司	九龍彌敦道	五七七一四又五六三六三
天一汽車公司	景光街四號	三三四二二
天天汽車公司	源遠街二號	三三一一六
大明星汽車行	駱克道六十一號	三四〇四四又二五五〇五
	羅便臣道四十九號	三三二七七
公利汽車行	軒鯉詩道二二二號	二一一四二
中國汽車公司	公園道四號	五〇二〇八
快活汽車公司	皇后道西四九二號	三三八六八
同上	般含道六十一號	三三八六六

快捷汽車公司	黃泥涌道七十五號	三三〇四四
快樂汽車公司	摩利臣山道八號	三三二五五
利行汽車公司	皇后道西四九六號	二一一五五
南方汽車行	杜老誌道三一五號	二五六四四
飛行汽車公司	德輔道中二十八號	二三一八八
飛龍汽車公司	黃泥涌道三十三號	三一二六一
香港大酒店汽車部	必打街	二四七五八
國民汽車公司	軒鯉詩道二百六十九號	二六三九四
萬利汽車公司	摩利臣山道十六號	三三一一一
聯合貨車公司		
灣仔車房	利園街	二七六七二
油蔴地碼頭辦事處	干諾道中統一碼頭	三〇九三九

楊俊達寫字樓	德輔道中六號廣東銀行屋宇	二〇九〇六
九龍辦事處	彌敦道山東街口	五八九八五
禮頓汽車公司	禮頓山道七十五號	二四四八八
半島酒店車房	九龍疏利士巴利道	五八〇八一
飛鷹汽車公司	九龍廣東道二十七號	五六四三六
南星汽車公司	九龍南昌道二〇一號	五一〇〇〇

戊、輪船小輪公司

美國總統輪船公司	必打街十二號	二八一七一
太古洋行	干諾道中一號	三〇三三一
太平洋輪船貿易公司	太子行	二七八〇八
大豐船務公司	干諾道西二十五號	二六五七六
天祥洋行	匯豐銀行樓上	二八〇二一

印華輪船公司	必打街德輔道中轉角	三〇三一一
昌興輪船公司	遮打道十九號	二〇〇九五
法國郵輪公司	干諾道中五號	二六六五一
洛士利洋行	遮打道十三號	三四一六五
美最時(吻啫士)洋行	干諾道中五號	二七七七一
省港澳輪船公司	干諾道中五號	二〇一〇一
航運公司	上海街五〇九號	五九三二九
捷成洋行	必打街十二號	二六六六一
國營招商局	干諾道西十五號	二八一八〇
渣甸洋行	必打街十八號	三〇三一一
渣華輪船公司	遮打道十五號	三八〇一五
意國郵船公司	干諾道中五號	三二九八二

德忌利士輪船公司	干諾道中二十五號	二八〇三七
成發電船公司	永樂碼頭	三一二五七
鐵行輪船公司	干諾道中二十五號	二七七二一
民力電船公司	九龍尖沙嘴碼頭	五七三七六
共和電船公司	皇后碼頭	二一二五七
黃埔三小輪公司	高士打道六〇號	二三一五〇
天星小輪公司	尖沙咀	五八〇〇一
香港油蔴地小輪公司	統一碼頭	二六一一三

附 航空公司

中國航空公司	告羅士打行地下	三一一六六
法國航空公司（法國郵船公司代理）		二六六五三
汎美航空公司（中國航空公司代理）		三三九四九

帝國航空有限公司	干諾道七號	三一一一一
歐亞航空公司	干諾道中九號	二五五五二
九龍城啟德濱	啟德飛機場	五六六三六

己、醫生

三美（印度）	皇后道中十五至十九號	三三一九三
王通明	彌敦道二四六號	五〇六六〇
巴士度加士度	交易行	二六五四五
	彌敦道五二六號	五〇九〇九
左達明	德輔道中六十三號	二八二八二
左維明	彌敦道五二〇號	五八一一五
朱惠康	皇后道中友邦行	三三三〇〇
宋常熙	德輔道中六十七號	二三一〇八
何天生	華人行	二二七七二

李天佑	德輔道中六十三至六十五號	三四三六九
李兆基	華人行	二三三八三
李其芬	德輔道中二十六號	三四三四九
李祖佑	華人行	二五四四一
李浩田	華人行	三〇七八九
	彌敦道四九五號	五九八八九
李崧	大道中八十二號	二三六〇三
李樹芬	東亞銀行	二〇九六三
李樹培		二〇三六三
周煥年	華人行	二五四四一
周錫年		二五四四六
林肇眞	皇后道西三五三號	三一六九五
胡惠德　黎廣煜 蔣法賢　羅沙	華人行	二四一九六
施文蔚	皇后道中六十二號	三三四五五

附錄三

柳南柱	華人行	三四三七八
馬汝莊	德輔道中愛羣行	二三一四九
	彌敦道二四〇號二樓	五〇六七七
郭守德	皇后道中亞細亞行	三三九七九
施金聲		
莊兆祥	德輔道中六十三號	三四三六九
	佐頓道三十五號三樓	五七八四五
陳伯賜	德輔道中二十六號	二八九三三
曾拱辰	彌敦道五八〇號	五八四六一
	德輔道西一號	二四九六九
陳聖柱	彌敦道三五五號	五九〇五五
	必打道十二號	二二五四一
陳覲光	德輔道西一號	二四九六九
	彌敦道五七七號	五六一四八
溫植慶	華人行	二〇〇六九

單樂生	莊士敦道四號	二四六八〇
	皇后道中十六號	二四六九一
楊子驤 楊子韜	華人行	三一九五三
葉大禎	華人行	二一四一二
碧力士堅白廉拖路博	於仁行	二八〇〇二
鄧以賢	皇后道中六十七號	三〇四〇二
	彌敦道四三四號	五七三七九
鮑志成	彌敦道四七二號	五九五九二
譚大同	德輔道中三三號 北河街十四號	二八三四五 五〇八三三
羅乃琚	皇后道中五十八號	三三五一二

庚、醫院

九龍醫院	九龍亞皆老街	五八〇七一叫五四八 五四九或五九八

東華醫院	普仁街	二八一六六
東華東院	銅鑼灣掃桿埔	二六六四八
意大利醫院	山頂道三號	二一三三三
法國嬰堂醫院	銅鑼灣	三〇二五三
聖約翰救傷隊	大坑道	二六二三六
虎豹救傷處	希慎道一號	二六九六九
聖德肋撒醫院	太子道三二七號	五九二六二
歐戰紀念醫院	山頂	二九〇七八
養和醫院	跑馬地山村道二—四號	二六六四一
寶血醫院	青山道	五六五三七
雞籠灣醫生館	山頂一八七號	二九〇二六
瑪麗醫院	薄扶林道	三四一四一

何妙齡雅麗氏及拿打素醫院	般含道	二七七八六
胡惠德頤養院	巴丙頓道二三—二五號	三三八〇〇
保生留產院	莊士敦道一九五號	三〇一八三
廣華醫院	油麻地廣華街	五八〇六九 五七〇四一
公立醫局	中環鴨巴甸街	二一一三六
	西營盤第三街一〇五號	二一〇八二
	灣仔石水渠街	二〇四七五
	筲箕灣西大街	二〇九九二
	香港仔大街四十六號	二九〇〇〇
	油麻地甘肅街	五七〇四五
	紅磡觀音街	五七〇四六
	九龍城隔坑村道	五七〇五一

附紅十字救傷車	深水埗醫局街一三五號	五七二三四
	德輔道中	三〇三〇三
	彌敦道	五七二九五

辛、藥房

九龍大藥房	彌敦道八十號	五七〇一九
中西大藥房	德輔道中亞細亞行	二〇三四五
中華大藥房	皇后道中八十二號	二二五九八
太平大藥房	皇后道中三三號A	二三八八五
安寧大藥房	告羅士打行	二一八七七
東亞大藥房	皇后道中娛樂行	三一二〇〇
屈臣氏藥房	亞力山大行	二〇四六九
宜華大藥房	皇后道中五一號	二〇八七六

威建藥房　德輔道中二十二號　二〇四九二

新世界大藥行　德輔道中一六〇號　二二五八四

嘉齡大藥房　華人行樓下　二〇六〇六

附錄四　粵語舉要

香港近來雖因北地避戰者多，國語漸見通行，但距普遍之期尚遠。一般市面上八大部操廣州話，九龍新界則以操客家話者爲多，但亦能講廣州話，洋務階級則多操英語，亦多以廣州話濟其窮，故無形中廣州話成爲香港最流行之方言。廣州話中有一部分保持文言而讀以古音如「今日」(讀Gum Yut)「飲」(Yum)「食」(Shik)之類，更有一部分竟以粵音讀英字，如「仙士」(Sin Se)即銅元，波(Bor)即球，巴士(Bus)即公共汽車之類。茲舉常用粵語若干條如左：

埋棧唔埋？(My Tzan Mg My)進旅館嗎？

你係邊間？(Nie Hai Bin Gan)你是那一家？

有咭紙冇？(Yow Card Ge Mo)有招牌紙沒有？

呢處五件行李(Nie She Ng Gin Hunkli)這裏有五件行李。

洗唔洗坐車？(Sai Mg Sai Chor Tzei) 用不用坐車？

行去得落。(Han Hue Duk Lok) 走去就可以。

細房乜野價錢。(Sai Fon Mut Yer Kar Tsin) 小房間房錢多少？

兩蚊一日。(Leung Mun Yut Yut) 兩塊錢一天。

咁貴，計平的。(Gum Gwei, Gei Pien Die) 太貴了，算便宜點。

至平個半。(G Pien Gor Boon) 頂便宜一塊半錢。

邊處有嘢賣？(Bien She Yow Yea My) 哪裏有東西賣？

你中意買的乜？(Nie Chung Ye My Die Mut) 你想買什麼？

買的煙仔火柴。(My Die Yin Tzai, For Tzar) 買點香煙，洋火。

咁樣處處都有。(Gum Yeung She She Do Yow) 那到處都有。

哪我鎖埋門。(Nar Ngo Sor My Moon) 替我鎖好門。

番來食飯唔番？(Farn Lai Shik Farn Mg Farn) 回來吃飯嗎？

話唔埋，睇過先。(War Mg My, Tay Gor Sien) 說不定，再看罷。

行街定係睇戲？(Han Guai Ding Hai Tay He) 逛馬路還是看戲？

行吓街都好。（Han Ha Guai Do Ho）逛逛馬路也不錯。

搵架車遊車河。(Wun Kar Cher Yow Cher Hor) 叫部汽車兜風。

今日有好影畫噃！(Gum Yut Yow Ho Ying War Bor) 今日電影有好片子。

不如搵野食先。（But Yen Wen Yea Shik Sin）不如先吃東西。

個處有茶飲。(Gor She Yow Cher Yum) 那裏有茶吃。

個個伯爺公你識唔識？(Gor Gor Bark Year Gung Nie Sic Mg Sic) 你認不認得那個老頭子？

有乜唔識。(Yow Mut Mg Sic) 那會不認得。

佢有三個妾侍。(Kwe Yow Sarm Gor Chip See) 他有三個小老婆。

舊年重生個仔。（Gow Nien Tzung Sunk Gor Jai）去年還生兒子。

細佬哥好得意。(Sai Lo Gor Ho Duk Ye) 小孩子很有趣。

食唔晒，擰去歸。(Shik Mg Sai, Ning Hue Gwei) 吃不完拿回去。

夜落，快的行。(Yea Lok, Fi De Han) 天黑了快點走。

一陣間就到。(Yut Tsun Gwang Chou Do) 一下子就到了。

冲左涼再洗面。(Chung Chor Leung Tzoy Sai Mien) 洗了澡再洗臉。

聽朝過海玩吓。(Tieng Ju Gor Hoy Warn Har) 明早渡海去玩玩。

民國二十九年八月初版

香港九龍便覽（全一冊）

◎定價港幣八毫

（郵運匯費另加）

編著者　逸廬主人

校訂者　健廬主人

發行者　中華書局有限公司
代表人路錫三

印刷者　香港九龍北帝街
中華書局印刷所

總發行處　中華書局發行所

分發行處　各埠中華書局

書名：香港九龍便覽　附　粵語舉要（一九四零）
系列：心一堂　香港·澳門雙城成長系列
原著：逸廬主人編
主編•責任編輯：陳劍聰

出版：心一堂有限公司
通訊地址：香港九龍旺角彌敦道六一〇號荷李活商業中心十八樓〇五一〇六室
深港讀者服務中心：中國深圳市羅湖區立新路六號羅湖商業大厦負一層〇〇八室
電話號碼：(852) 67150840
網址：publish.sunyata.cc
淘宝店地址：https://shop210782774.taobao.com
微店地址：　https://weidian.com/s/1212826297
臉書：　　　https://www.facebook.com/sunyatabook
讀者論壇：　http://bbs.sunyata.cc

香港發行：香港聯合書刊物流有限公司
地址：香港新界大埔汀麗路36號中華商務印刷大廈3樓
電話號碼：(852) 2150-2100
傳真號碼：(852) 2407-3062
電郵：info@suplogistics.com.hk

台灣發行：秀威資訊科技股份有限公司
地址：台灣台北市內湖區瑞光路七十六巷六十五號一樓
電話號碼：+886-2-2796-3638
傳真號碼：+886-2-2796-1377
網絡書店：www.bodbooks.com.tw
心一堂台灣秀威書店讀者服務中心：
地址：台灣台北市中山區松江路二〇九號1樓
電話號碼：+886-2-2518-0207
傳真號碼：+886-2-2518-0778
網址：http://www.govbooks.com.tw

中國大陸發行　零售：深圳心一堂文化傳播有限公司
深圳地址：深圳市羅湖區立新路六號羅湖商業大厦負一層008室
電話號碼：(86)0755-82224934

版次：二零一九年三月初版，平裝

心一堂微店二維碼　心一堂淘寶店二維碼

定價：港幣　　九十八元正
　　　新台幣　四百四十八元正

國際書號 ISBN 978-988-8582-50-1